Com carinho para

DIÁRIO DE P. LANDUCCI

hoo
editora
DIÁRIO DE
P. LANDUCCI

DIÁRIO DE P.LANDUCCI

Publisher
Juliana Albuquerque

Capa
Bruno Dini

Projeto gráfico e diagramação
Raquel Coelho

Assistente editorial
Daiane Moreira

Colaboração:
AGÊNCIA DE MÚSICA

Dados Internacionais de Catalogação na Publicação (CIP)
Angélica Ilacqua CRB-8/7057

Landucci, Paula
Diário de P. Landucci / Paula Landucci. -- São Paulo : Hoo Editora, 2016. 216 p.

ISBN 978-85-93012-01-3

1. Landucci, Paula,1994- Biografia 2. Lésbicas – biografia 3. Jovens 4. Homossexualidade 5. YouTube (Recurso eletrônico) I. Título

16-1101 CDD 920

Índice para catálogo sistemático
1. Biografia

[2016]

HOO EDITORA
Telefone: 55 15 3327.0730
hooeditora.com.br

Dedico este livro aos noias, meus fãs,
inscritos e seguidores por compartilharem de
minhas ideias, pensamentos, loucuras e caretas.
Que ao menos uma palavra sirva para
reflexão e evolução a cada um de vocês,
assim como serviu para mim.

#PREFÁCIO

Desde a primeira vez que vi a P., algo nela já me chamou atenção de cara. Não por conta dos tons de todas as cores do seu cabelo – marca registrada dela –, mas pelo ser iluminado que ela é por dentro. Mal sabia eu a surpresa que seria descobrir que ela é muito mais do que isso. Com suas opiniões fortes e esse jeitinho único que ela tem, já marcou e continuará marcando a vida de todos que a acompanham, na vida real ou nas redes.

Sigo de perto seu desejo infinito de compartilhar sua visão incrível do mundo com todos à sua volta. E que maravilhoso que hoje o *à-sua-volta* dela une centenas de milhares de corações por meio da internet.

Um dia, ela descobriu que o nosso maior obstáculo somos sempre nós mesmos e que não podia esperar mais um minuto pra compartilhar essa superação com todo mundo. E eu sei que ainda vou escutar muito o nome dela por aí. Na música, nos vídeos, nas opiniões...

Este *Diário* é uma pontinha linda do universo P. Landucci, em momentos do canal.

Maddu Magalhães

#SUMÁRIO

NÃO É ASSIM QUE FUNCIONA

#TAGS SOBRE A P.

LGBT

CONSELHOS DA P.

+ SOBRE A P.

P. LANDUCCI RESPONDE

NÃO É ASSIM QUE

FUN
CIONA

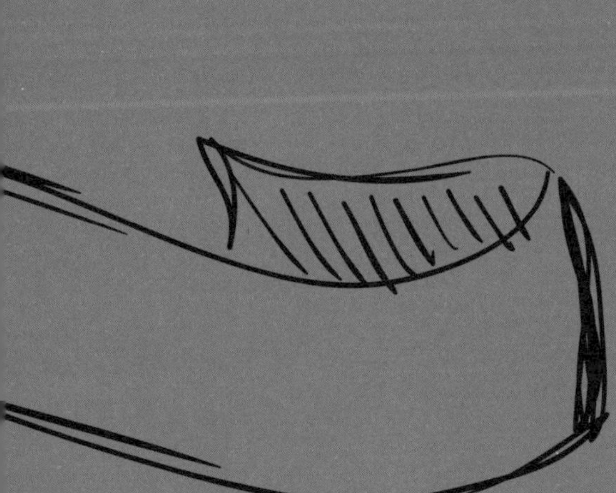

1. O Grande sonho

O começo de tudo

É **muito curioso** como tudo começou e como comecei meu canal. **O meu sonho**, o que eu mais queria na vida, era ter uma banda. Pois é, desde os meus 10 anos de idade eu toco, canto e componho sozinha, mas sempre quis ter uma banda. Só que ter uma banda não é tão fácil. Não acontece de uma hora pra outra. É um pouco mais complicado.

O mais **interessante** foi que comigo aconteceu de uma forma inusitada. As pessoas que hoje formam a **Hewie** foram chegando cada uma no seu tempo. E cada vez que chegava alguém, fazíamos um ensaio teste para ver como ficava e, quando percebemos, já estávamos super entrosados, tanto na música como no nosso relacionamento. Sempre falo que foi o universo que nos juntou, e deu muito certo.

Estou pra falar sobre este assunto com vocês faz tempo e nunca senti que fosse o momento certo para isso acontecer, mas acho que é agora. Quero falar sobre o meu sonho, o que eu mais quero na minha vida, o porquê de eu estar aqui, o porquê de ter começado o canal, enfim, o porquê de tudo. Eu **vou contar**, inclusive, coisas que talvez eu nem devesse contar.

Lembro que a gente ensaiava até cansar, era demais mesmo. Sempre buscando oportunidades, lugares para tocar, tudo que uma banda no início precisa fazer. É uma vida muito louca. No começo é difícil conseguir qualquer coisa, mesmo que seja tocar num barzinho.

Os primeiros vídeos que postei no **canal**, lá em 2009 (faz tempo!), eram comigo cantando e tocando na frente da câmera. O **PC Siqueira**, que na época nem era tão famoso, tinha acabado de lançar o primeiro vídeo. Eu gostei tanto da forma natural com a qual ele falava de algo tão corriqueiro do dia a dia que acabei entrando em contato com ele.

Adivinha? Ele me respondeu, dizendo para eu fazer um vlog para cativar o público. Assim as pessoas me conheceriam melhor e eu teria a chance de direcionar o público para a Hewie.

Imagina minha cabeça nessa hora! "Meu deus do céu!" desde os meus 10 anos de idade eu toco, canto e componho sozinha. E eu sempre quis ouvir as minhas músicas num todo, ou seja, numa banda, uma coisa completa. Mas acredito que todo mundo sabe como é difícil ter uma banda, não é como comprar um frango na padaria. Porém, incrivelmente, sem nenhum esforço meu, os integrantes da banda foram aparecendo um de cada vez e naturalmente começamos a formar a Hewie. Foi algo do tipo:

— Ah, eu toco. — Eu também!

— Vamos tocar junto pra ver como que fica?

— Vamos!

E super dava certo. Com certeza foi o universo que juntou todo mundo.

Para quem nem pensava em ter um vlog, quem não conseguia nem pedir uma informação para o segurança do shopping, e hoje estar com o tempo e público que estou, cada vez crescendo mais e amando mais por ter vocês comigo: isso é foda! (Vamos continuar antes que entre um cisco no meu olho.)

Eu entrei no YouTube por causa da música, por causa da Hewie. Porém, só fui falar sobre isso há pouco tempo. Por quê? Desde o começo ter uma banda era uma coisa séria para mim e eu não queria colocar conteúdo amador na internet. E por muito tempo não tínhamos como gravar e postar conteúdo profissional, pois é bem caro fazer tudo isso! Quem conhece sabe. Se fosse para postar coisas amadoras, de baixa qualidade, era melhor nem postar nada.

Anos depois tivemos a oportunidade de gravar quatro músicas, quando um produtor, o Alexandre Fontanetti, que era amigo do Edu Gomes (pai do Caio, baterista da Hewie) viu nosso trabalho, achou legal e decidiu ajudar. Ele fez um preço legal, fizemos uma vaquinha entre nós quatro para conseguir pagar. Dessas quatro músicas uma delas é a *O Mundo Vai Mudar* que nós mesmos fizemos o clipe, ou seja, nós mesmos filmamos e editamos. A mãe do Caio é fotógrafa e tem um estúdio, e ela nos emprestou gentilmente para gravar o clipe. Depois fizemos o clipe de *Eu Tive Um Sonho,* que foi gravado com a mesma câmera que uso pra gravar o **Diário**, filmamos em uma viagem que fizemos, e eu mesma editei. As outras músicas eram a *Persuadir,* que simplesmente colocamos uma imagem e jogamos no YouTube, e a outra, acabamos nem fazendo nada, porque o que estávamos pensando pra divulgar não deu certo.

No final das contas o material que tínhamos na internet eram três músicas. O resto eram músicas que eu gravava sozinha, só eu e o violão, bem diferente das músicas gravadas pela **Hewie** de uma forma completa e profissional. Como era tudo muito simples, eu não falava muito no canal sobre isso.

Pela primeira vez tínhamos três materiais bacanas e assim começamos a mostrar e apresentar nosso trabalho, divulgando da melhor maneira que podíamos. Foi quando aconteceu o Breakout Brasil.

Uma fã que nos avisou que estava rolando um concurso no qual devíamos nos inscrever. Eu olhei pra página de inscrição, a pagina olhou para mim e pensei "Vou me inscrever!". Concorremos com quatro mil bandas. Disso fomos selecionados para os Top 40, dos Top 40 passamos para os **Top 20** e dos Top 20 ficamos entre as cinco bandas que entraram para o reality show. E, cara, quando me inscrevi nesse concurso, eu não sabia que era um reality show, achei que fosse, sei lá, um prêmio online, entende? Só fui saber quando estávamos entre os 20, ou seja, dois passos para entrarmos no programa.

Vou falar uma coisa pra vocês: isso foi uma das coisas mais intensas e, na época, difíceis que vivi na vida musical. Eu ficava muito nervosa para entrar no palco, ficava inquieta. Quem já foi a algum show da Hewie deve ter percebido que eu sou uma pessoa antes do show e outra depois. Ainda mais no começo que tínhamos tocado duas ou três vezes e, de repente, estávamos na TV, com milhões de câmeras e produtores de uma grande gravadora nos olhando. Só eu sei quantas **dores de barriga** eu tive de tão nervosa que ficava.

Cinco bandas, quatro provas. A banda finalista ganhava contrato com a grande gravadora. Passamos a primeira frase, ganhamos a segunda e quando chegou na terceira aconteceu uma coisa atípica. A prova era transformar uma de nossas músicas no estilo musical de que menos gostávamos. E antes de entrar no programa, me mandaram um questionário enorme para responder. Uma entre várias perguntas aleatórias e estranhas era "Qual o estilo musical que você mais odeia?" E na época respondi: **funk carioca**. E assim foi que o carma agiu. Resumindo: tivemos que transformar uma música nossa em *funk carioca*! Sim, eu entrei em pânico! Tem até uma foto desse momento que os fãs adoram compartilhar.

Conversando com o Gui (pianista da Hewie), o Caio e nosso antigo baixista, Bruno, decidimos encarar como uma brincadeira. Mudamos a letra inteira para encaixar na característica do funk. Até nos vestimos a caráter. Mas tínhamos só 24 horas para criar uma música nova — apesar de ser nossa, tivemos que mudá-la inteira. E a minha memória, ela é assim: bem ruim mesmo. Eu não ia conseguir decorar a nova letra em menos de um dia. Perguntei pra produção se eu podia ler a letra na hora e eles disseram que sim. Minha salvação.

(Só que não!)

Quando começamos a tocar, eram três jurados, o apresentador e o produtor, além das outras bandas assistindo. Comecei a cantar e nessa que incorporei o personagem, interpretando, olhando para cima, dançando... voltei para a letra bem na linha errada! Já percebi que eu tinha me arruinado ali. Parei tudo e falei: “Espera aí, posso começar de novo?”. Nesse momento só vi todo mundo me olhando com cara de espanto. E eis que o apresentador me responde: “Não!”.

Porque eu parei? Todas as músicas que apresentamos lá, nós tocávamos duas vezes por edição. Então eu achava que poderia parar — já que tinha errado — e tocar mais uma vez, certinho, desde o começo. Foi uma ideia idiota? Foi. Poderia ter improvisado? Poderia. Mas na hora do nervoso não consegui pensar. Enfim, fomos desclassificados na semifinal.

Isso foi em 2013, e acarretou que de fevereiro até janeiro do ano seguinte ficamos praticamente na “geladeira”. Para quem não sabe, geladeira é quando uma gravadora guarda um artista numa “fila de espera”, e ele não pode fazer nada. Ficamos um ano parados.

Já que não podíamos fazer show, nem nada, ensaiávamos. E muito! E em 2014 quando o nosso contrato venceu começamos a nos movimentar para trazer o público da internet para os shows. Começamos a fazer shows em vários barzinhos e era aquela coisa: em alguns vinham cinco pessoas, outros vinte, outros trinta **(Uhuuuul).** Ah, cachê? Não. Dava uns trinta reais pra cada integrante. Nem dividíamos, guardávamos numa caixinha para caso precisasse comprar algo. Mas a ideia não era a grana, era experiência. Eis que uma grande oportunidade surge, conhecemos um empresário que gostou do nosso trabalho e decidiu investir em nós. Começaram então as reuniões, os planos, ele queria nos apresentar para uma porrada de gente.

Foi então que:

— Cadê o CD de vocês?

— Então... a gente não tem. Não temos grana para fazer o CD.

— Beleza, então a primeira coisa que vamos fazer é gravar esse **CD**.

E eu fiquei tipo:

"Não **acredito** que finalmente vou gravar meu CD!".

Começamos uma procura por produtores que se encaixassem em nosso perfil e extraíssem o melhor de nós. Foi quando conhecemos o estúdio Cada Instante, onde a mágica aconteceu. Mas no meio da gravação do álbum, perdemos o nosso empresário por motivos pessoais dele. **Ferrou de novo.** Mas quero deixar aqui a minha nota de gratidão a ele, que mesmo em pouco tempo me ensinou coisas que levo comigo e por cada passo que deu com a banda. Bom — por sorte — o Rique e o João, sócios do estúdio, nos abraçaram. Toparam terminar o álbum primeiro e pagarmos depois. E assim, terminamos a produção do nosso primeiro álbum. Foi quando fizemos a campanha da Kickante para poder pagar o CD, lançar e começar a mostrar o nosso trabalho de uma forma real.

Talvez nem devesse ter contato tantos detalhes. Mas recebi e recebo tanto carinho que vocês merecem saber cada pedacinho dessa história.

No começo o canal era para ser apenas uma ponte para vocês conhecerem a Hewie, mas eu me tornei tão próxima de vocês que não paro mais com o *Diário*. Mesmo que eu esteja com vinte e cinco shows por mês, eu gravo no busão ou onde for. A Hewie e o *Diário* serão para sempre. Esses são os meus sonhos agora.

Gratidão pessoal, na moral. Obrigada por cada inscrito, cada um que me acompanha e conversa comigo pelas redes sociais. Estou me sentindo muito bem por ter contado essa história pra vocês.

Tamo junto!

#TempoBom

Eu só quero me focar a ter
só o que me faz feliz.

Chega de vibe ruim pra si,
o que faz ser bom, é só você
quem faz.

Não esqueça de quem é, se faça forte
fique em pé.

A energia vai se formar,
e cada sentimento vai viajar pelo
tempo bom de se viver.

Nada de falar o que
não quer pra você.

Vamos só cantar, e tudo que for
bom vai chegar.

PARTE 1

TEMPO BOM

É pra ver, é pra ter,

pra sorrir, pra viver

A nobreza vai além do que

a gente pode ver

É cada parte boa que podemos enxergar,

é de um pequeno grão que

nasce uma grande pérola.

Toda essa transformação que vem

do universo para ti, cada pensamento

bom que for, vai trazer consigo

asas para nós.

PARTE 2

TEMPO BOM

2. Pequenas e ridículas

regras da sociedade

Existem coisas que a **sociedade** nos impõe e quando não seguimos, somos julgados. São as pequenas e famosas regras da sociedade. Tenho certeza que você já ouviu alguém falar: “Ah, como é menina, precisa usar rosa!”. Ou quando uma mulher grávida de um menino ganha um monte de roupinhas azuis. **Tudo azul.**

Percebe quão sem sentido é colocar gênero em uma cor? E, por conta disso, ficar regulando o que usamos ou deixamos de usar? Se é um menino que vai nascer, dê de presente roupinha azul, rosa, verde, preta, amarela! Temos um leque enorme de cores pra escolher. Não se prenda a essas formalidades criadas mil anos atrás — e que nem sabemos o motivo — pois, isso sim, é ridículo. Imagine, se nasce uma menina, pronto, ganha tudo rosa. Tudo. A menina fica parecendo um flamingo. Pra quê? Não use rosa apenas porque é menina ou azul porque é menino, use a cor que quer usar porque gosta dela. Independentemente de gênero. Estamos em pleno século XXI e tem gente que ainda segue este padrãozinho. Apenas parem.

Um belo dia você vai no supermercado comprar um desodorante porque o seu acabou e se depara com dois tipos diferentes na prateleira:

Desodorante for man.

Desodorante for woman.

Como assim? E se eu gostar do cheiro do *for man*, eu não posso usar porque sou mulher? Eu gostei do cheiro, CHEIRO. Transformaram até odores em gênero! Corram para as montanhas!

Você precisa comprar o desodorante com o cheiro que você gostou. Dane-se se for pra homem, caso você seja mulher, e vice-versa. Eu, por exemplo, uso desodorante "de homem". Não precisa ficar se prendendo a essas futilidades.

Ou então, meninas que usam calça larga.

Mas meninas têm que usar saia, shortinho, calça justinha.

Mina, usa a calça do jeito que você quiser! A roupa que você quiser. Ficar se prendendo a regrinha de sociedade retrógrada corta sua personalidade e faz com que você seja igual a todo mundo que ainda em fileirinha. Corta isso! Usa o que você quiser, seja uma saia ou uma calça larga rasgada. Se você pega a sua roupa e molha na mostarda e se sente bem, faça.

Não fique esperando que venha alguém e diga que você está linda ou que diga que está horrível. Pense que sempre terá alguém pra gostar e alguém pra não gostar. E esta pessoa nem é ruim por não gostar, apenas cada um tem um gosto. O que importa é você se sentir bem, de verdade.

Quando você se sente **bonita(o)** de verdade pode vir meio mundo dizer que você está feia(o), que não dará a mínima, você não vai se importar. Sabe por quê? Porque VOCÊ estará se sentindo bem e é isso o que mais importa.

Não se vista como sua família ou seus amigos dizem para você vestir, use o que te faz se sentir bem. Um resumão disso tudo é quando você se olha no espelho e diz: "Tô da hora!".

Pensa comigo, se você veste algo que você se sente bem, as pessoas que gostam da mesma coisa vão se aproximar e as pessoas que não gostam naturalmente se afastam. Se você se veste, ou se porta de maneira que você não se sente bem, vai atrair pessoas com as quais não se sente bem. Quando digo isso não é apenas pra roupas, mas pra tudo, personalidade, pensamentos e atitudes. Se gosta de ciclismo e começar a ter esse hábito, vai atrair pessoas que gostam de ciclismo pra compartilhar do mesmo sentimento. Semelhante atrai semelhante. Isso é um excelente seletor de pessoas.

Mas P, ele é meu melhor amigo e não respeita meu gosto!

Sinto lhe informar que esse então, não é seu amigo de verdade. **Amigo mesmo** está com você em todos os momentos e, na maioria das vezes, ele vai gostar e querer as coisas junto com você, e caso vocês tenham alguma diferença, essa pessoa vai respeitar e com certeza isso vai somar na relação de vocês. Então, se ele não te aceita ou te julga por algum motivo, tem alguma coisa errada aí. Reveja seu conceito de amizade com essa pessoa.

Vou sofrer bullying!

Tenho uma coisa para te falar. Eu aprendi que o bullying, muitas vezes, acontece quando você permite, claro que tudo tem sua exceção, mas por exemplo se alguém fala:

— *Olha lá! Está usando calça larga!*

Você tem duas opções: se sentir mal, chorar e se isolar por causa disso, o que vai te dar mais motivo para continuarem te zuando, porque é assim que eles querem que você se sinta, ou você vai fazer mais ou menos assim:

— *Cuida da sua vida que eu cuido da minha. E vê se cresce!*

Com segurança e atitude. Com certeza que essa pessoa vai largar do seu pé.

Ah! E mais uma coisa, não queira agradar todo mundo, ter todo mundo como seu amigo. Isso não existe.

Ai, mas todo mundo gosta de mim!

Será? Eu acho que pode ter alguém falso aí no meio.

Presta atenção, porque não é todo mudo que vai gostar de você. Como dizem por aí "Nem Jesus agradou todo mundo". **Tenha senso crítico** na hora da percepção pra depois não postar no Facebook: "Ai, como a gente descobre que as pessoas são falsas". A pessoa que foi falsa contigo, não vai se importar e vai passar a falar ainda mais de você pelas costas.

Esse negócio de ser quem você é vai chamar pessoas semelhantes a você pra perto. O índice de pessoas falsas tende a cair, e o número de pessoas que realmente gostam de você pelo que você é tende a aumentar. É simples, matemática pura, olha só!

Dessa forma, as coisas vão se ajeitando. Eu sei, experiência própria.

Seja o que seu coração pulsar.

3.

Dia DAS

MULHERES

Em pleno 2016 ainda tenho que escutar e ler:

> **Parabéns pra elas** *que menstruam, se depilam, se maquiam e andam de salto alto!*

Os últimos anos, no dia das mulheres podemos nos deliciar (só que não) com um banquete no festival de machismo insuportável por todos os tipos de ignorantes que existem e que acham que o **dia das mulheres** é porque elas engravidam, ou porque usam salto, ou qualquer outra coisa que "mulheres fazem".

E ainda generalizam a questão da futilidade:

> *Parabéns pelo dia do não vou sair porque não tenho roupa!*

Isso é uma típica frase de gente fútil que tem por aí, mas não é toda menina que é fútil. E tanto faz ser menina ou menino para ser fútil.

O ano todo passa propaganda de televisão de produto de limpeza e é sempre a mulher que está limpando a casa, o vaso sanitário, lavando a louça e de repente chega no dia das mulheres e o produto "tira manchas de embalagem rosa" coloca um homem para "ajudar" a **mulher**. Isso é um machismo bem fresquinho esfregado na sua cara.

E o pior não é a propaganda em si, é saber que há mulheres que aplaudem e acham bonito, acham que o marido tem que "ajudar" ela no dia das mulheres. E no resto do ano, enquanto ela lava a louça, ele fica sentado no sofá assistindo o futebolzinho dele. E que ela é obrigada a agradar o marido e fazer coisas que ele gosta para "segurar o casamento". Ou pior, achar um marido que tenha dinheiro pra que ela possa gastar. Venho para lhe contar algo: você pode trabalhar, arrumar um emprego e crescer como qualquer outro ser humano. Caso isso seja **REALMENTE** o que você quer, cabe ao feminismo dizer à você: seu desejo é uma ordem! Não podemos te julgar, desde que você não queira ou exija que as outras mulheres vivam como você, porque aí sim, está errado. Porque feminismo é isso, liberdade de escolha.

A questão do feminismo que muita gente não entende é que não é a mesma coisa que o machismo, porém ao contrário. A ideia errada do feminismo é pensar que as mulheres são superiores e odeiam os homens, que querem ser melhores e ter mais direitos que eles. Não, isso não é feminismo. Feminismo é simplesmente querer que homens e mulheres sejam iguais em questões de direitos e escolhas. E não biológicas. Nós queremos respeito pras mulheres e pros homens todos os dias.

Você fala que **feminismo** *não odeia homem, mas está falando mal deles, hipócrita!*

Não, não estou falando mal de homem, estou repudiando atitudes machistas. E elas podem partir tanto de um homem, quanto de uma mulher, o que é ainda pior. Porque além de piorar essa situação no mundo, elas mesmas se diminuem, se menosprezam e se enfraquecem.

O dia das mulheres não é para representar o que fazemos ou deixamos de fazer em casa, com maquiagem, com filhos. O dia das mulheres é pra representar a luta que tivemos pra conseguir votar, trabalhar, termos uma vida e lutarmos pelos nossos sonhos e pra alcançarmos ainda mais a igualdade, os direitos e, principalmente, o respeito.

Sabe a história do dia da consciência negra? Tem dois jeitos de você interpretá-lo. Ou por preconceito ou por representar toda uma luta durante anos para obter o respeito e a igualdade perante a sociedade. Isso que ainda existe **MUITO racismo**. E é como o dia das mulheres. Independentemente do fato de que os negros eram escravizados e as mulheres eram reconhecidas como propriedade do homem, é o mesmo princípio: a luta por uma posição na sociedade. Então se você é contra o dia da consciência negra e é a favor do dia das mulheres isso ainda faz de você um hipócrita.

Então você é a favor da Marcha das Vadias?

Até certo ponto. Não concordo, por exemplo, com o nome nem com fato de tirarem a blusa, ainda assim, respeito quem queira ter o direito igual de ficar sem blusa. Porém, eu sei que a maioria dos homens machistas, babacas e podres vão pensar:

Isso mesmo, tira aí que eu quero ver! Fica fazendo protesto enquanto eu te vejo pelada!

Imaginar isso me tira do sério. Mas concordo totalmente com elas lutarem pelos direitos de poder vestir o que queremos sem ter o famoso papinho de "Não reclama que tem homem olhando na rua para você porque está usando esse decote!". Isso não é desculpa. Isso é machismo puro e podre. E por qualquer "não sente com a perna aberta que é feio". Você senta do jeito que você quiser. Não precisa ficar agradando ninguém.

O **machismo** não faz mal só pras mulheres, também faz pros homens. Você pode pensar que não, mas é só conversar com um homem que pagou mais caro na balada, ou é chamado de "viadinho" por gostar de arte, ou ser obrigado a pagar um jantar sozinho só porque é homem, além de várias outras coisas, e vai perceber que prejudica ambas as partes.

Esse assunto é muito extenso, não abordei tudo o que precisa ser falado, mas foi para terem uma noção do que eu penso sobre tudo isso.

#CONTE AQUI!

SENTI O MACHISMO NA PELE QUANDO...

4.

Lutar

pelo QUÊ?

Quanta gente fingindo se importar com alguma coisa só pra ir contra outra. Existem pessoas que, quando querem **destruir uma causa,** dão um jeito de desmerecê-la.

Com tanta fome no mundo e você se importando com isso?

Ou seja, se você não está lutando contra a fome, já percebi que não se pode lutar contra mais nada.

Em primeiro lugar, essas pessoas que falam isso nunca mexeram um dedo para ajudar na fome da África.

Segunda coisa: **uma luta não anula a outra.** Pessoas querendo lutar por uma causa, por menor que ela seja, não anula o fato de lutarem pela causa da fome também. Não misturem as coisas.

Terceira: se você não pode lutar por uma causa pequena por ter outra maior, quem é que vai cuidar das pequenas?

Quarto: eu tenho a seguinte **opinião**, você tem que lutar por aquilo que você acha que pode fazer diferença, que você realmente pode ajudar. Postar foto no Facebook não muda absolutamente nada, e só reclamar também não ajuda, aliás, só atrapalha. Uma coisa que ajuda a lutar contra a fome, por exemplo, é você chegar na sua casa, preparar umas marmitas e sair distribuindo por aí, isso faz diferença, tem muita gente que faz isso. Ou, por exemplo, na questão do abandono animais, caso não tenha espaço pra levar os animais para casa, pode ajudar na divulgação pra achar alguém que adote, se tiver uma grana extra pode doar para alguma instituição que ajude os animais resgatados.

Isso faz diferença.

Cada pessoa vem com seu conhecimento pra lutar por aquilo que acredita, e cada atitude, seja pequena ou grande, está valendo. Não julgue nem diminua a causa nobre e de boa-fé de alguém. Você tem que fazer a diferença naquela causa que lhe pertence, naquela com a qual se identifica. Cada um nas suas causas. E ninguém pode desmerecer isso. Quem luta contra o racismo está fazendo a diferença, e caso não faça, quem vai fazer?

Quem luta pelos direitos **LGBTs**, se não for eles, quem que vai fazer? Então respeite e deixe as pessoas lutarem. O que importa é a galera estar lutando por algo em vez de só reclamar ou propagar ódio e **intolerância**. E lembre que uma coisa não anula a outra. Ninguém tem a obrigação de sair lutando por todas as causas, primeiro porque são muitas, segundo que você precisa ter conhecimento e se **identificar** com elas ou até se **comover**. É como uma empresa, cada um tem sua função. Setor A faz uma, setor B faz outra. Cada um na sua, naquilo que sabe fazer melhor.

5. Paz

musical

Vocês estão confundindo música com esporte, olha a merda!

Já acho errado ter gente se matando por causa de esporte, é uma competição para que o melhor da partida vença, é obvio que alguém sempre vai perder! Mas se bater por conta de esporte? Matar? Isso já é coisa de ignorante, desculpe a palavra, mas não consigo pensar em outra definição. Mas o assunto consegue piorar mais ainda quando a gente fala de música.

Uma **coisa** é muito **importante**: falar mal de algum estilo musical não te faz superior, apenas te faz babaca.

Então você que diz:

Mas funk é um lixo!

Não é o funk que é um lixo, é a falta de educação. Se a pessoa ouvisse em casa ou com fones de ouvido, tudo bem, o problema é quando o cidadão quer colocar a música que ele está ouvindo na rua, no ônibus, no metrô, forçando outras pessoas a escutar o que elas não querem, nos momentos em que elas não querem.

E pra você que passa com o seu carro no último volume: as pessoas que estão na rua não vão te achar "fodão", elas só vão ficar incomodadas com você. E isso vale pra qualquer estilo, porque se você gosta de uma música, precisa entender que as outras possam, talvez, não gostar.

Outra coisa que eu acho tão interessante quanto irritante são as pessoas que se julgam superiores por gostarem de rock. Veja bem, não estou falando que são todos, estou falando que existem muitas pessoas que fazem isso. Mas vou te contar uma coisa: o rock não é a única coisa que existe não. Existe o jazz, o folk, o blues, a música erudita, o hip-hop, o samba, o indie, o pop, o MBP e todos os estilos que existem no mundo inteiro e que se eu escrever aqui será uma lista interminável. Sendo assim, não adianta você colocar a guitarra na distorção e ficar só batendo a cabeça que isso não vai te transformar no Posseidon dos sete mares. Até dentro do próprio rock existem muitas vertentes e a própria pessoa que se sente superior por escutar rock às vezes nem sabe disso.

Quem tem conhecimento musical não fica desrespeitando tudo que não o agrada. Até porque eles não se prendem a um estilo só. Só adolescente em formação que ainda têm muito a aprender é que faz isso.

Eu participei de um reality show, chamado Breakout Brasil que, além da Hewie, contou com mais quatro bandas, cada uma tinha um estilo diferente. E uma delas chamava Cartoon. Os caras tocavam rock progressivo, eram cabeludos, com barbona. Olhando de longe você pensa que devem tocar aquele rock nervoso, pesado e devem tacar fogo em tudo. E incrivelmente os caras eram os mais educados, calmos e carinhosos de lá. E muito talentosos, por sinal. Mas aconteceu uma situação chata com eles, e não foi por conta do estilo nem da música, e sim por conta dos fãs. **Os fãs** xingaram e ofenderam de graça as outras bandas, o que fez a banda pedir desculpa pros outros participantes por conta da falta de educação de alguns fãs.

As pessoas esquecem daquela frase: não faça com os outros aquilo que você não quer pra você. Ame, idolatre o artista que você quiser, mas daqueles que você não gosta, não precisa ofender, xingar, desejar a morte.

Não interessa se a pessoa toca **música boa** ou ruim, porque isso é muito pessoal e relativo. A sua percepção e gosto pode ser uma e do seu amigo pode ser outra, por exemplo. E, no final das contas, a pessoa que está cantando, tocando é um ser humano, tem família, tem sua história, independentemente do estilo musical.

Quem me perguntar quais os estilos musicais de que gosto e eu sempre respondo que o amor da minha vida é o folk. Mas eu também escuto hip-hop, reggae, pop, música celta, medieval, instrumental de todos os tipos e algumas brasileiras também e mais outros estilos que com certeza esqueci de mencionar. Eu particularmente nunca fui chegada ao rock, mas tenho total respeito e admiração pelos artistas renomados que nós temos na história. Inclusive estudo alguns na hora de praticar.

E, no final, o que eu quero dizer é que você pode gostar do que quiser enquanto a outra pessoa escuta um estilo diferente, mas parem de se odiar, de se bater e se matar por causa disso. Esse tipo de atitude só prova que você é uma pessoa de fraca personalidade e que precisa rebaixar os outros para se sentir melhor, além de mostrar que não tem maturidade. Cultive o respeito.

#CONTE AQUI!

QUAIS OS SEUS ESTILOS MUSICAIS PREFERIDOS?

»

»

»

»

»

»

»

»

6. Era

celular

Tem algo que me intriga e me **incomoda** bastante: eu acho impressionante como as pessoas ficam no celular de uma forma tão compulsiva. Uma coisa é você usar o celular quando está sozinho, por exemplo, esperando chegar na sua estação do metrô, num tempinho livre para checar suas redes sociais, na fila do banco ou do médico. Mas de cabeça baixa no **celular** enquanto alguém está falando contigo na sua frente? Enquanto conversa com você? Parece absurdo, mas muitas pessoas fazem isso e é uma tremenda falta de educação.

Isso já aconteceu comigo uma porção de vezes. Enquanto estou conversando com alguém, a pessoa fala, fala, fala e quando chega o momento em que eu começo a falar a pessoa começa a mexer no celular:

— *Pode continuar que eu estou ouvindo!*

Não! Isso é horrível! Me escute, olhe pros meus olhos enquanto estamos nos falando! Isso quando essa pessoa nem se quer fala alguma coisa, e a conversa não passa de um monólogo.

A tia P. vai ensinar uma coisa pra vocês: Quando existe um diálogo é importante que você olhe diretamente para os olhos da outra pessoa. Assim você está prestando atenção no que ela está falando e, além de absorver completamente aquilo que está sendo falado, a pessoa vai se sentir muito mais confortável, porque vai ver que você está escutando de verdade e que está interessado. Não adianta apenas dizer que está ouvindo e continuar olhando pro celular, fica notável a total falta de interesse. Nossos olhos focam naquilo que é mais importante, portanto se ficar olhando pro seu celular está mostrando que ele é o que mais importa naquele momento. Preste atenção quando alguém está falando, depois volte a fazer o que estava fazendo ou avise que no momento está ocupado, pelo menos. Esse tipo de situação, você só percebe o quão ruim é, quando passa por ela.

Tem também aquela galera que sai com os amigos e fica o tempo todo enfiado no celular. E então o que acontece? O efeito bola de neve! Um pega o celular, o outro vê, pega o dele também, o outro também e assim acaba que os seis amigos que estavam na mesa, cinco com ficam com o celular na mão e um fica emburrado. No caso esse sempre acaba sendo eu mesma. Chega até a vir o pensamento: "Pô, estávamos um tempo sem nos ver e, quando marcamos algo, ficam todos no celular?". Você se sente até irrelevante diante deles. E sempre tem um motivo:

> — *Estou fazendo tal coisa, é rapidinho!*
>
> — *Você pode viver, prestar atenção no mundo a sua volta? É* **rapidinho**! *Obrigada, de nada.*

Engraçado que isso tudo é bem típico de alguém que é uma pessoa quando está no celular e outra pessoalmente. No celular, é super empolgada, falante, mas quando chega na sua frente não fala **NADA**. Agita, agita, agita, mas na hora do "vamo vê" é uma ameba.

Quando saio na rua e está aquele sol, um dia bonito com céu azul, nem de óculos escuros eu vou querer ficar, pois ele vai tirar a clareza das cores vivas do céu. Se nem óculos escuros eu gosto de usar, imagine ficar horas no celular. Eu quero poder ver os lugares que estou passando, olhar pras pessoas e ficar imaginando o que se passa com elas.

Certa vez fiz uma **experiência**. Fiquei mexendo no celular desde o momento em que saí de casa até chegar ao meu destino. Foi extremamente desagradável, não vivenciei nada. Foi como se eu tivesse apagado alguns minutos da minha vida. Parece que eu simplesmente coloquei um cabresto e andei. É muito ruim, eu realmente não sei como certas pessoas conseguem. Talvez não gostem de sentir o sabor da vida. Ou realmente tenham mesmo um grande descaso com tudo. O que também não entra na minha cabeça.

Tenho um pouco de aflição quando olho alguém muito tempo no celular. Está presa a algo eletrônico, não fala, não se mistura, não sente, não vê o mundo acontecer. E, no final de tudo, sabe qual a minha impressão? De que é uma pessoa vazia, não tem conteúdo, não tem interesse e não tem **a profundidade do simples.**

#CONTE AQUI!

EU SEMPRE USO O CELULAR QUANDO...

»

»

»

EU NUNCA USO O CELULAR QUANDO...

»

»

»

7.
Segue

¿ de volta?

> **Troco três likes por cinco.**
> *Dez likes eu* **sigo de volta.**
> *Eu estou* **te seguindo**, *me segue de volta?*

Não! Não! Não!

Pessoal, vamos pensar direito. Não acredito que ainda tem gente que pede like. Provavelmente é você, que tem Facebook, Twitter, Instagram e consequentemente segue algumas pessoas. Mas você segue porque quer saber o que ela tem pra postar e está interessado pelo conteúdo, certo? Agora pense qual é o sentido de você seguir uma pessoa que você não conhece e, sendo assim, não se interessa pelo conteúdo? Nenhum. Então por que será que pedem para desconhecidos seguirem a **troco de likes?**

Caso não trabalhe com redes sociais, que coisa doentia é essa obsessão por ter mais números, numa tentativa fracassada de se sentir mais importante! E não adianta falar:

Me segue que eu dou like nas suas fotos.

Que superficial, que vazio. As duas pessoas estão sendo falsas, agindo pelos seus próprios interesses. É forçado. Eu não entendo qual é o agrado, o prazer em ter pessoas que não estão interessadas em você te seguindo. Dessa forma você se torna apenas um número. Pare com isso! Ter mais números não vai te fazer uma pessoa melhor. Seu caráter vai.

Quer ganhar seguidores? Faça algo interessante para que se interessem por você e queiram seguir seu conteúdo. E também não adianta tentar ser alguém que não é só para ganhar seguidores, isso não é legal.

Quando vejo esse tipo de pedido nas minhas redes, eu já apago, pois acho uma tremenda futilidade. O único **"Troco Likes" que gosto é o do Tiago Iorc.**

#CONTE AQUI!

EM VEZ DE LIKES, PREFIRO TROCAR...

»

»

»

»

»

»

»

»

8.

Não se

ROTULE

Nessas conversas da vida, percebi que há pessoas que **se rotulam demais** na questão da personalidade. E observei que quando alguém se rotula demais é porque no fundo ela não é.

Sabe aquela gente que posta aquele monte de frase motivacionais clichês no Facebook, mas na primeira dificuldade que aparece já entram uma bola de energia negativa? Pois é, tudo o que elas falam, elas não fazem.

Se você fala demais sobre alguma coisa, **cuidado** para não autoafirmar algo que não é. Veja se não está sendo repetitivo, querendo sempre mostrar algo que não tem dentro de você. Acontece muito de alguém querer ser alguma coisa, mas não consegue, e ficar falando que ela é o tempo inteiro, como por exemplo essa galera que fala sobre **positividade** o tempo todo, mas dentro de si é um mar de desespero e solidão.

O pensamento primordial é o seguinte: o ser humano, querendo ou não, tem todos os lados. Tem o lado bom, o lado mau, o feminino, o masculino, tem todos. Você trabalha o lado que quer se sobressaia, mas ainda assim eles existem dentro de nós. Por exemplo, você pode ser **"Paz e Amor"**, tranquilão, mas se acontece algum conflito você tem que saber tomar uma atitude. Se fechar em apenas um padrão te cancela das outras possibilidades.

Tudo em excesso faz mal.

Resumindo, você não precisa berrar a sua cor preferida, apenas use-a. Se você gostar de três cores, use as três cores, não precisa ser uma só. Isso fará de você alguém muito mais verdadeiro. Quando se fecha em uma opinião só, existe o perigo de você se contra dizer ou até mesmo sofrer com a mudança da sua própria opinião.

— *Só gosto de preto!*

Um **belo dia** você veste azul e aí...

— *Você disse que gostava de preto, mas agora você está no azul? Poser!*

Pra imaginar, basta trocar esse exemplo por qualquer questão de gosto. Então seja o preto, o azul, o verde, o amarelo. Você pode ser todas as possibilidades. Quando alguém é muito engessado, não passa muita **confiança** e transparência. Não precisa ficar preocupado em se afirmar pras pessoas. Seja o que você é que elas naturalmente chegarão até você, apenas com **interesses** em comum. Já citei isso por aqui... certo?

9.

Quer

confete?

Quer confetinho, quer?

Vamos começar com a definição de confete: quando alguém fica querendo chamar atenção demais. Quer dar uma causada. Exemplo: você se machuca e fica aos berros, passa meia hora e ainda está dizendo que está doendo, que está sofrendo, mesmo todo mundo vendo que foi só um cortinho. Pra quê? Pra chamar atenção.

Sabe qual o problema de quando faz isso? É que você consegue atingir seu objetivo com alguns amigos ou familiares, mas não todos. A probabilidade é que, de 20 pessoas que estão te assistindo, pelo menos 50% esteja vendo a cena que você está fazendo. Então **seja verdadeiro** e não fique maximizando tanto as situações, porque com certeza tem gente que percebe e é feio.

Penso sempre que isso é falta de atenção, falta de autoestima, porque precisa que pessoas o tempo inteiro mostrem que se preocupam. E talvez, também, falta de segurança. Outro exemplo, a pessoa tira uma foto dela mesma e posta em qualquer rede social com a legenda:

Estou feia, mas o que importa é a paisagem atrás.

Se você **realmente** estivesse se achando feia, você não teria postado. Não me engana, cara. A primeira coisa que você faz quando acha uma foto feia é correr para apagar. Mata o amigo, mas apaga a foto. Fala verdade se não é assim?

Mas a coisa piora quando isso passa a acontecer com uma certa frequência. Como? Em toda foto que posta, escreve que está feia ou que está gorda, mas o que importa é o macaco plantando bananeira atrás. Observa o tamanho da "manha". E isso acontece só para todo mundo comentar:

Ah! Gorda nada!

Você está é gostosa!

Você é linda!

Eu não sei quem é pior, quem posta ou quem dá moral para esse tipo de coisa. De verdade, eu prefiro que a pessoa fale:

Nossa, como eu estou maravilhosa, eu me amo!

Mas sabe qual é o problema? A sociedade dá muito mais valor pra quem não tem autoestima. Já percebeu isso? Quando alguém se sente **bonita** de verdade, a gente sempre escuta:

Nossa, fulana se acha muito. Convencida.

Não conseguem aceitar que o próximo se ama, se dá valor, se gosta. E isso para mim é recalque. Acho extremamente importante você gostar de si mesmo, se achar bonito como você é. Isso é fantástico, é o ideal. Por um costume que a sociedade tem de discriminar e julgar quem tem uma **autoestima legal,** as pessoas acabam fazendo esse tipo de postagem para que talvez assim, ganhe um elogio. Então migas e migos, se aceitem e não fiquem pedindo confete, porque muita gente percebe a cena que está fazendo. **Os elogios** são um presente natural da vida e começam sempre de dentro para fora.

naturalidade

10. Relacionamento

ABUSIVO

Vou falar um pouco sobre **relacionamento abusivo,** porque esse assunto tem rolado muito ultimamente. E bom, relacionamento abusivo é o que mais tem. Podemos dizer que um dos princípios desse problema são pessoas que não estão preparadas para estar em um relacionamento, mas que possuem uma vontade desenfreada de estar em um.

Você percebe que a coisa já começou errada quando o ciúme é doentio, sendo que a base de um bom relacionamento é a **confiança**. Logo, se você quer namorar com alguém, você precisa confiar nessa pessoa. Caso a pessoa com quem você está te dê motivos pra não confiar, então já é uma prova de que a falta de respeito existe do outro lado.

Gostar não é o suficiente pra um relacionamento. Não existe relacionamento sem amor, porém não existe relacionamento que tenha amor, mas não tenha confiança.

Outra coisa muito **importante** é que para você querer o respeito de volta, você precisa respeitar. Se for para trair, por favor, nem comece a namorar. Porque, assim, seu nível de consciência abaixa e seu nível de mau-caráter aumenta.

Se você não tem segundas intenções com outros, se você respeita seu(sua) companheiro(a), aí sim você pode querer cobrar algo da outra parte. E "cobrar" eu digo de uma forma indireta, pois um relacionamento saudável não existe cobrança. E se você acha que isso não vai acontecer, é mais um motivo pra não estar nesse relacionamento.

Existe um problema muito sério: o ser humano sempre acha que pode e que vai mudar a pessoa com quem está se relacionando. Sinto lhes dizer, mas você não vai conseguir mudar ninguém, isso só acontece quando a pessoa quer mudar.

Acontece muito de uma parte cobrar muito a outra. A pessoa que cobra muito, que sente muito ciúme, na maioria das vezes tem o "rabo preso". Ou seja, está devendo. O cérebro não imagina aquilo que desconhece. Então se você já deu em cima de alguém enquanto estava namorando, você sempre vai desconfiar que o outro possa fazer o mesmo. Se você está em um relacionamento em que você sabe e tem a consciência limpa de que não fez nada, mas ainda assim seu parceiro te cobra muito disso, desconfie.

Respeito é algo gratuito, fácil de perder e difícil de recuperar. Respeite seu par. Se não está preparado, não entre em um relacionamento.

Ninguém é obrigado(a) ou mesmo tem a opção de gostar de alguém. Muitas vezes mesmo quando um casal não dá certo sempre tem alguém que quer insistir. Mas não adianta, se seu par não gosta de você, não será seu ataque histérico que vai fazê-lo gostar. Aceite, você vai encontrar muitos relacionamentos que não vão dar certo, você só precisa superá-los e ir em frente. Ficar martelando na mesma coisa sempre só vai fazer você não sair do lugar. Se ele(a) quiser ir embora, você precisa deixar ir.

Mais uma coisa importante: nós **somos seres humanos** e erramos. Se você está num relacionamento e por algum motivo cometer um erro, seja qual for, assuma-o antes que seja tarde e arque com as consequências.

Algo me deixa incrivelmente chocada: quando um quer proibir o outro de algo.

> *Ah mas se sair sozinho, ele(a) vai fazer coisa errada!*

Mais um motivo para você não estar com essa pessoa. Ninguém é proprietário de ninguém. Precisa deixar que a pessoa queira naturalmente estar com você, sem obrigações.

Dá errado também quando um quer viver o mundo do outro. O que acontece? Ruína. Não é assim que funciona. Ambos precisam se conectar para gerar um laço. E o raciocínio é simples: existe uma a história de um casal de águias que foram acorrentadas pelo pé. E o que aconteceu? De tanto voarem amarradas juntas, elas batiam as asas, caiam no chão e brigavam; voavam, batiam as asas, caiam no chão e brigavam... Até que, certo momento, uma delas morre. Pra ver duas águias felizes, elas precisam voar juntas, porém, naturalmente, separadamente, lado a lado, na mesma direção.

Quem estiver com você, precisa estar por **livre** e **espontânea vontade** e por **amor.** O relacionamento precisa ser leve e com confiança. Se não for assim, não vale a pena. Aprenda a superar e partir pra outra. E caso você tenha passado uma experiência que não tenha dado certo, tente extrair sempre **algum aprendizado**. O que não vale a pena é passar por um monte de coisa e, no final, não aprender nada.

#CONTE AQUI!

5 COISAS QUE VOCÊ CONSIDERA DESRESPEITO

»

»

»

»

»

11.

Meu crush NÃO

e demonstra interesse

Vira e mexe escuto conselho sobre relacionamento que é mais ou menos assim:

> *Olha, não demonstra muito interesse senão a pessoa vai achar que você está no pé dela e vai pisar em você, hem!.*
>
> *Amiga, se ele(a) mandar uma mensagem você espera pra responder, se não ele(a) vai achar que você está ali o tempo todo disponível e você precisa mostrar que não está 100% ali.*

Sinceramente, se eu conhecer alguém, me interessar e a pessoa não **demonstrar que se importa,** ficar demorando pra responder de propósito, eu vou simplesmente parar de me importar e me afastar na hora. Eu queria saber quem ensinou essa palhaçada pras pessoas. A base de um relacionamento é o afeto e o amor!

Na aulinha de hoje vamos aprender o que é um relacionamento: **relacionamento** entre pessoas é a forma como elas se tratam ou se comunicam. Quando os indivíduos se comunicam bem e gostam de fazê-lo, diz-se que há um bom relacionamento. Quando os indivíduos se tratam mal e pelo menos um deles não gosta de entrar em contato com o outro, diz-se que há um mau relacionamento.

Para com essa **palhaçada** de ficar tratando os outros mal, não respondendo, não demonstrando que se importa, porque se você não estiver presente, o outro não vai ficar perdendo tempo com você.

Acho que um dos grandes problemas que fizeram as pessoas terem relacionamentos tão problemáticos é o excesso de ego, não confiar umas nas outras, e precisar estar olhando o celular, Facebook do outro o tempo todo, querendo checar quem curtiu ou não curtiu e se curtiu, por que **curtiu**. Se você tem um relacionamento assim, a gente já conversou capítulo passado: fuja dele agora!

Um relacionamento só faz sentido quando ambas as partes querem estar ali. Se em algum momento uma pessoa está bem e a outra está se sentindo menor, temos um problema.

Eu amo tanto meu(minha) namorado(a), mas a gente não consegue se dar bem.

Querida(o), mais uma vez: amor não é suficiente. Se você acredita que exista amor, mas não existe confiança, respeito e cumplicidade, esse "amor" não serve pra nada. Aquela pessoa que não responde, que demora só pra dar uma moral, que é fria... Não seja essa pessoa, isso só mostra que você é babaca.

> *Mas se eu for carinhosa logo de primeira ela vai achar que eu já estou na dela, e vai se apaixonar por mim. E se eu não me apaixonar por ela? Ferrou tudo. A pessoa vai sofrer e vai falar que a culpa é minha.*

Não se vocês usarem uma técnica valiosa que sou ensinar pra vocês agora, chamada: sinceridade.

Caso você tenha entrado em um relacionamento, **vai com calma,** coisinha. Entenda que você acabou de conhecer essa pessoa, vai precisar de um tempo pra conhecê-la por completo. Passe por um momento de dificuldade com ela, porque vou te contar algo, quando você passa por um momento ruim, ou até uma briga, com alguém é neste momento que conhece a pessoa.

Saiba sempre que existe a possibilidade de vocês darem certo e a de não darem. Tendo isso em mente, você não é pego de surpresa e não sofre tanto caso aconteça a segunda opção. Por incrível que pareça, independentemente da pessoa e do tempo que vocês estejam juntos, se acabou, é porque não era pra ser, ou era pra ser exatamente do jeitinho que foi, uma passagem, uma experiência, um ensinamento. É complicado conseguir **entender isso com leveza,** mas é verdade.

Ah! Tenho mais uma dica pra vocês, namorado-res de plantão, que no segundo dia, já estão pedindo em namoro, no terceiro, casando, no quarto, adotando cachorro e gato, e no quinto, tendo um filho: **namoro é algo real,** que precisa ser construído. Não adianta achar que conhece a pessoa por completo no segundo mês, muito menos apostar 100% de sua certeza de que tudo dará certo e ainda de que tem certeza que é com aquela pessoa que quer estar. Você precisa pensar:

> *Se aparecer a Megan Fox na minha frente, eu não vou querer ficar com ela.*
>
> *Se aparecer o Brad Pitt na minha frente, eu não vou querer ficar com ele.*

Se passar nesse teste, pode pedir em namoro, eu usei essa técnica, funciona.

#CONTE AQUI!

VOCÊ TEM AQUELE CRUSH?

» COMO NOS CONHECEMOS:

» O SIGNO DO MEU CRUSH COMBINA COM O MEU?

12.

Oi, prazer,

te amo!

Oi! Eu sei que acabamos de nos conhecer hoje, **mas já te amo** *e você é meu melhor amigo!*

Tenho notado muita gente reclamando de falsidade, e isso é uma coisa bem ruim. Porém, ao longo dos anos, reparei também que as pessoas se conhecem e em uma semana já consideram melhores amigos! Depois reclamam de falsidade! Não é assim que funciona!

Você pode ir a um bar amanhã e conhecer uma pessoa superlegal, mas ela pode ter mil **personalidades**, histórias, segredos de que você não gosta. Porém, não tem como você saber logo no **primeiro momento**, pois ainda não a conhece por completo. Com o tempo é que vamos saber se realmente são compatíveis no modo de pensar, agir, nos objetivos... **É preciso ter uma conexão** com a pessoa e isso você só consegue com o tempo. A falsidade entra aí. Se você conhece uma pessoa e em um mês já está contando toda a sua vida pra ela, pode acontecer de, no segundo mês, ela espalhar pro resto do mundo. Desculpe, mas você foi um tanto irracional.

Sinto que amizade e namoro hoje estão se tornando tão difíceis e descartáveis, porque qualquer pessoa você já namora ou qualquer um já vira amigo. É importante parar com essa coisa de que todos são amigos, ainda mais em pouco tempo. Amigos de verdade são poucos, e as amizades vêm com nossas vivencias e experiências.

Se decepcionar, todo mundo se decepciona, você não pode pegar isso e ampliar como se acontecesse só com você. Vai conhecer outras pessoas. Eu mesma já me decepcionei com pessoas que pensava que fossem amigos próximos.

Em menos de um mês, não precisa postar foto no Instagram com a legenda: "Irmão! Te amo". Para isso precisa existir um amor de irmão mesmo, uma amizade sincera.

É natural que, mesmo tomando **cuidado**, você se decepcione, porque infelizmente ainda não temos um raio x a fim de identificar quem está de verdade do nosso lado. O cérebro humano ainda não se desenvolveu a ponto de vermos, pela energia, quem mente ou não. Não dá pra saber a aura, a índole, o pensamento do outro logo de primeira.

Mas você pode ter certeza de que, se não está com você, ou se a vida tirou de alguma forma, é porque não era pra ser. **O universo** é extremamente **sábio**, ele deixa do seu lado as pessoas que devem estar e afasta aquelas que deve retirar.

O segredo mesmo é nunca se arrepender, viver relacionamentos de forma calma e leve e, principalmente, não ficar mandando indireta nas redes socais.

13.

DIFI CUL

DA DES

Há um grande mal em nossa sociedade como um todo: a grande dificuldade de resolver problemas.

A maioria das pessoas entram em **colapso** interno quando precisam enfrentar algum tipo de problema. Isso vem desde a infância até a fase adulta. E me pergunto: por que isto está acontecendo? Será que é por conta da superproteção das crianças? Ou pela maximização do negativo? Porque está **acontecendo algo** mais ou menos assim: nada toca nelas e elas não tocam em nada. E quando a criança encontra uma **dificuldade,** não sabe o que fazer. Como, por exemplo, um amiguinho na escola pega o lápis dela. Em vez de a criança tentar resolver a situação sozinha, o que ela faz?

Professora, fulano de tal roubou o meu lápis.

Nesse caso estamos falando de crianças de 4 ou 5 anos de idade. Mas isso anda acontecendo até com pessoas na sala de aula do ensino médio, quando o colega de classe fala algo que desagrada:

Meu pai é advogado e eu vou processar você.

Eu acho extremamente **"mimizento"** e **infantil** esse tipo de coisa, sinceramente. Se você não gostou do que a pessoa falou pra você, chega pra ela e resolva você mesmo:

Me respeita e eu respeito você. Fica na sua.

É importante que consiga resolver sozinho as situações e não ficar fazendo tempestade em copo d'agua, basta ir lá e resolver.

Obviamente eu dei exemplos bobos de problemas. Mas pense da seguinte forma: se alguém age dessa maneira com problemas pequenos, imagine a postura com algum problema maior. Preocupante.

As dificuldades existem para evoluirmos. Nada na vida é fácil ou "bate e pronto". Não é assim. E sinceramente? Que bom que não é. Estamos aqui pra aprender e evoluir, se não passarmos por provas, não conseguimos aprender nem dar valor a tudo que temos. Você passa por uma dificuldade, entende os motivos, vê a parte boa, segura bem forte e continua em frente. Não precisa perder a cabeça.

Pensa como no videogame, você compra um jogo que quer muito. Quando começa o jogo, anda, anda, cai no buraco, morreu. Você vai levantar, chorar e nunca mais jogar? Não! Claro que não! Você vai tentar de novo. Recomeçar. Porém agora com uma nova perspectiva: você sabe onde está o buraco no chão. Então você anda, anda, anda, pula o buraco, anda, anda, um bichinho te mata. Você vai fazer o quê? Vai levantar, chorar e nunca mais jogar? Não! Vai começar de novo. Agora sabendo que tem um buraco e depois um bichinho lá na frente: anda, anda, anda, pula o buraco, anda, anda, mata o bichinho e chega no chefão. Depois de muitas tentativas você vai ter entendido como funciona e vai fazer o quê? Vai ganhar o jogo. Na vida é a mesma coisa.

Cada **dificuldade** serve pra você **aprender** e crescer com ela, para que no próximo problema esteja mais preparado e com mais sabedoria para sobreviver ainda melhor aos problemas. Tudo na vida tem uma parte boa, use isso a seu favor. Isso é uma arte. Quando mais você treina seu cérebro a fazer isso, mais isso funciona. Pare de se lamentar, se colocando como vítima, se remoendo. E então, **vença** o jogo.

14.

In Fer no

OO astral

Falar sobre signos está muito na moda, e com isso acabamos conhecendo o **querido inferno astral.**

Em todo lugar a gente escuta sobre signos, e esse assunto está em alta como nunca esteve antes. Acho legal? Acho. Acredito? Acredito. Gosto de **astrologia**, mas tudo tem seu limite, não é mesmo?

Começando pelo fato que tem gente que lê uma página de um site e já acha que entende muito, que é conhecedora dos signos. Olha pra você já fala:

Seu signo é Peixes, então você é sonhador, sensível, um pouco triste também, você chora...

Não é assim que funciona! Conheço pessoas que realmente entendem de astrologia. São estudos que exigem dedicação, anos de estudo. Aí vai a adolescente de 20 anos que leu três textos na vida e acha que abala nos conhecimentos. Mas, tudo bem, vamos deixar essa parte de lado.

O que mais me incomodou nessa história toda é que junto veio a tendência do termo "inferno astral".

Inferno astral: mês conhecido como antecedente do seu aniversário, em que você fica com um **humor** horrível, mais popularmente conhecido como humor lixo.

Ou seja, um mês antes do seu aniversário é um período em que acontecem mudanças internas e seus sentimentos ficam todos abalados e desequilibrados e isso faz com que você fique de mau humor.

Vejamos qual o verdadeiro problema aqui. A galera escuta isso e pensa que, um mês antes do aniversário, para fazer jus ao que leu sobre astrologia, precisa ficar mal e triste. Ou seja, mesmo que não tenha acontecido mudança alguma no humor ela começa a ficar um **"pé no saco"** só pra dizer que está em seu inferno astral.

Sabe essa pessoa? Não seja essa pessoa.

Pode ser que exista realmente esse fenômeno de inferno astral, mas vamos combinar que não é algo obrigatório, não é com todo mundo e não é sempre que acontece. Por exemplo, não me lembro de ter acontecido comigo, sempre que chega o mês antes do meu aniversário fico **feliz da vida,** porque sou dessas que ama o próprio aniversário.

Não provoque mal-estar, mau humor, só para justificar que está em seu inferno astral. Isso é típica atitude pra chamar atenção. Nosso aniversário é uma época incrível e precisa ser vivenciada da melhor maneira possível, então, compre bexigas e já acenda velinhas, seu aniversário **é muito importante!**

#OMundoVaiMudar

Abm Fb Cb Gb Abm
O som de cada voz, nos roubou
Fb Cb Gb
Nos roubou, o direito de nós...
Abm Fb Cb Gb Abm
Tudo que estava só, apareceu, enfureceu
Fb Cb Gb
O descanso do sol
Abm Fb
Vou continuar aqui
Cb Gb
Para ver tudo mudar
Abm Fb
Pra nunca mais eu poder ver
Cb Gb
O choro do amor
Abm Fb
E quando o sonho aparecer
Cb Gb
Que voe em cor
Abm Fb Cb Gb Abm
E os ventos mudarão sua direção
Fb Cb Gb Abm
Sinta que o mundo inteiro vai mudar

O Mundo vai Mudar

PARTE 1

É pra ver, é pra ter,
pra sorrir, pra viver

A nobreza vai além do que
a gente pode ver

É cada parte boa que podemos enxergar,
é de um pequeno grão que
nasce uma grande pérola.
Toda essa transformação que vem
do universo para ti, cada pensamento
bom que for, vai trazer consigo
asas para nós.

PARTE 2
TEMPO BOM

15.

A Grande

escolha

Se te perguntassem: o copo está meio cheio ou meio vazio? Você responderia o quê?

Estamos com um problema sério no planeta Terra, e a gente precisa conversar.

Primeiramente, quero deixar bem claro uma informação antes de dizer o que eu quero dizer: **nós somos energia,** somos feitos de átomos. Um átomo é constituído por prótons, nêutrons e elétrons. O núcleo é constituído por prótons e nêutrons e, em volta dele, ficam os elétrons. E o que são os elétrons? Energia.

E nós temos o poder de trabalhar com essa energia. Sendo assim, é possível atrair aquilo que a gente quer ou aquilo que a gente não quer. Se somos energia, dependendo da forma que estivermos vibrando, vamos atrair as coisas de acordo com a vibração. Pense como um ímã. Se for negativa conseguiremos coisas negativas e, se a vibração for positiva, atrairemos coisas positivas. E como fazer isso? Por meio do pensamento, trabalhando a mente. E, principalmente, os sentimentos.

Nossos sentimentos são resultado daquilo que pensamos e são eles que vão trazer resultado para aquilo que a gente atrai. Então, se você está se sentindo bem, pode ter certeza que naquele momento você está atraindo coisas boas pra você. E se você está se sentindo mal, pode ter certeza de que estará atraindo coisas negativas.

Claro que às vezes a gente fica numa bad, mas coloca uma música, sai cantando, começa a dançar sozinho: eu tenho certeza que a sua energia vai mudar. E, se você fizer essa transmutação de energia, a sua vibração também muda e, com isso, o que você atrai muda junto.

As pessoas acham que o mundo está acabando, que está na sua pior fase, que só tem coisa ruim. A verdade é que nós temos 100% de coisas negativas e 100% de coisas positivas. Ou seja, o positivo existe junto com o negativo. Mas o que acontece? Por que parece que tem mais energia negativa no mundo e tudo o que é ruim está mais forte? Não é porque tem mais em quantidade, pois temos tudo de bom acontecendo ao mesmo tempo. Qual o problema? A maioria da população mundial está vibrando no negativo, dando força às coisas ruins do planeta e da vida de cada um. Porém, você não precisa participar disso, você pode se conectar com o positivo e melhorar sua vida e a vibração do planeta. Sabe aquele fulano que você conhece e não entende como ele só se dá bem enquanto a maioria das outras pessoas só se dão mal? O que ele tem de diferente de você? A mente. Ele sabe trabalhá-la.

Seu cérebro é uma máquina e você pode trabalhá-la da forma que quiser. Assim como as pessoas que têm o raciocínio rápido, é possível treinar para que o seu também seja rápido. Você tem o poder de condicionar, acostumar e treinar seu cérebro a pensar positivo. No começo, você tem que fazer força pra isso, seu cérebro vai aprendendo e entendendo, e com o tempo você vai adquirir habilidade de pensar e se **sentir bem**. É uma bola de neve, quanto mais você pensa positivo, mais seu cérebro vai querer pensar coisas positivas e mais você atrai aquilo que quer. Chega um momento em que você não precisa mais fazer **força**, começa a ser natural. Você começa a ter dificuldade em transformar as questões que precisamos resolver em grandes problemas.

Eu treinei e hoje tenho dificuldade em passar por tristezas, por exemplo. Não consigo ficar triste. Meu cérebro já entendeu que ele não gosta de estar naquela vibração. Então procura milhões de motivos para sair dela. E sai. E como eu consegui isso? Treinando e condicionando meu cérebro a atrair coisas positivas. E isso, além de me ajudar, contribui para a vibração do planeta. Porque quando você não se sente bem, você não consegue ajudar o outro. Inclusive você começa a sugar a **energia** daqueles à sua volta, pois seu corpo está precisando de energia. Então, você vira um buraco negro de coisas negativas.

A energia não entende a palavra não. Ela entende aquilo que você vibra. Por exemplo, se você pensar:

Eu não quero me atrasar.

Você está pensando no atraso, a energia só entende

Atraso, atraso, atraso!

E aí você está atrasado.

Isso também serve pras **coisas grandes,** como a luta contra a fome. O que a energia entende? Fome, fome, fome. E o que tem no final? Fome. Em vez de ser contra a fome, seja a favor da fartura. Em vez de não querer um atraso, queira chegar a tempo. É preciso tomar cuidado com as palavras e pensamentos. Com o tempo, veja o que acontece na sua vida.

Pra você **entender melhor**, te recomendo um documentário, chamado *The Secret*, ele explica muito bem como funciona a energia e é uma ótima forma de começar a mudar seus pensamentos e sentimentos.

Sendo assim, a gente pega o copo mais uma vez e pensa: o copo está meio cheio ou meio vazio? Eu sempre digo que ele está meio cheio.

#CONTE AQUI!

COMECE AGORA!
ME DIZ AQUI
COISAS POSITIVAS
SOBRE VOCÊ!

#TAGS

SO BRE A P.

16. #10 coisas que AMO

1. Gatos. É uma coisa que não dava pra não colocar nessa lista. Acho que quem me acompanha nas redes sociais percebe que eu tenho uma necessidade meio louca com gatos.

2. Piscina. Daquelas grandonas, naquele sol, inteirinha para mim, tocando aquela música gostosa. Piscina com muita gente eu já não gosto.

3. Tomar banho bem quente. Aquele que você sai vermelho-tomate de dentro do box. Eu sei que não é legal pra a pele, mas é tão gostosa essa sensação.

4. Estou sem nada para fazer, num dia *x* e o telefone toca:

— Alô!

— E aí P. você está fazendo o quê? Nada? Bora dar um rolê.

— Demorou!

Quando um amigo me liga inesperadamente para a gente se ver, eu fico radiante.

5. Assistir série ou filme com a namorada. É uma coisa tão boa! Deitadas juntinhas, cobertor, aquele balde de pipoca com 30 litros de manteiga em cima, aquele monte de chocolate e bala pra você ir alternando entre salgado e doce, e a namorada do lado. Ficar rindo e vendo as coisas na TV. É uma coisa que até tenho que tomar cuidado pra não ficar o dia inteiro sem sair da cama.

6. X-salada com maionese caseira. Minha nossa senhora! Detalhe na ênfase da maionese caseira. Não vem me oferecer com maionesinha normal, não. Tem que ser caseira e transbordando no lanche. E ainda peço outra porção para ficar passando em cada pedaço que eu vou morder. Meu Deus! Inclusive quero agora, que salivou a boca.

7. Uma das coisas indescritíveis, que não podem ficar de fora é ver uma multidão cantando as mi-

nhas músicas. Isso me dá algo que só sinto naquele momento. Eu até paro de cantar pra poder ouvir. Se eu não estivesse sempre tocando violão, acho que ficaria filmando todas as vezes. Como pode coisa tão linda?!

8. Suco de morango com limão. Toda vez que eu tomo, minha boca até arde de tão gostoso que é.

Geralmente quando eu peço, o garçom me olha:

Suco de morango com limão?

Qual a dificuldade de entender? Eu gosto de coisa ácida, azedinha!

9. Posso ter 40, 50 anos a mais, mas a minha obsessão por raspadinha de groselha nunca vai passar. Na verdade, raspadinha em geral, eu coloquei groselha porque é a que eu mais amo. Inclusive amo sorvete de groselha.

Estou andando e vem aquele carrinho de raspadinha, eu já perco a minha mentalidade, a maturidade, perco tudo, o mundo inteiro some só fica a raspadinha.

10. E, por último, mas não menos importante: pessoas educadas e que se importam com os outros.

Ah, mas isso é muito óbvio!

Não, não é óbvio, não. Não é normal nem fácil encontrar pessoas assim. Pessoas que tomam cuidado pra não esbarrar em quem está do lado, pessoas que cumprimentam você com aquele sorriso, pessoas bem-humoradas. Gente assim merece um beijo na testa.

17.

#10 coisas

que odeio

1. Ficar sozinha. Não sei se isso é problema de Peixes, muito provavelmente, mas odeio ficar sozinha. Se você me pedir algo eu vou odiar fazer se tiver que fazer sozinha. Preciso de pessoas de que eu gosto perto de mim. Sabe aquela galera que diz:

`As vezes eu preciso de um tempo sozinho para pensar.

Definitivamente essa pessoa não sou eu.

2. Indiferença. Tentar conversar com a pessoa, e a pessoa nem aí. Me tira do sério gente que não demonstra interesse no que você está falando, na sua presença.

3. Gente estressada. Não tenho sangue para gente assim, no final eu acabo ficando estressada com isso. Sou uma pessoa muito calma, é difícil me irritar, mas essas pessoas estressadas me dão estresse.

4. Feijão. Eu não sei por que, nem como, mas eu odeio feijão. Seja branco, preto, azul... detesto feijão, do cheiro eu já não gosto.

5. Esquecer coisas. É algo bem forte que tenho: eu esqueço tanto as coisas que isso, às vezes, chega a me prejudicar. Por exemplo, quando preciso fazer algo importante e esqueço. No computador, preciso baixar aquele e-mail para responder a um compromisso: eu abro a aba, abro o e-mail e

Nossa! Quanto e-mail novo. Deixa eu limpar isso aqui.

Pronto. Já esqueci. Faço qualquer outra coisa, fecho o e-mail e lembro o que eu tinha que fazer uma hora depois, e muitas vezes já tinha passado horário pra entregar o trabalho.

Outro exemplo, desço pra cozinha pra beber água: desço, vejo um gato, faço carinho no gato e subo. Eu trouxe a água? Não.

6. Resto de comida na pia. Me deu ânsia só de pensar. Não sei o porquê, mas odeio! Quer me deixar com nojo, é isso. Peça pra eu lavar a louça, mas não deixa comida no prato, não faça isso comigo pelo amor de Deus.

7. Ter uma expectativa quebrada. Exemplo:

— Alô!

— Oi. Vamos no cinema hoje?

— Demorou. Que horas?

— Nove horas. Vamos ver aquele filme lá.

— Beleza. Vou comprar os ingressos.

Chega oito e meia da noite e a pessoa liga para você:

— Então, não vai dar porque aconteceu isso, isso e isso, e a gente vai ter que deixar para outro dia.

Odeio isso num grau muito grande. Estou esperando por aquele momento e, chega na hora, e aquilo não acontece.

8. Sujeira. Em geral, lugares, objetos, coisas... parede suja, chão sujo. Eu fico imóvel. Sabe quando você põe roupa em gato e ele fica duro? Eu fico assim.

Não é tão mais gostosinho um lugar limpo, com a parede limpa, os móveis limpos, tudo limpo?

9. Sopa. Detesto sopa. Penso o seguinte: comida é uma coisa, bebida é outra. Bebida se bebe e comida se come. Mas sopa é uma comida que se bebe, não dá pra confiar! É uma comida molhada, é uma poça de comida.

10. Pessoas que não conseguem enxergar o lado bom das coisas. Aquela galera que reclama de tudo e de todos, não consegue ver uma qualidade em alguma coisa, pessoa ou situação. Não vê um fio positivo daquilo. Me dá desespero.

18. #Isso ou

aquilo?

P. responde!

Vocês, meus queridos noias, mandaram perguntas e eu vou escolher se eu prefiro isso ou aquilo. Lembrando que se eu escolher aquilo não significa que eu não gosto do isso. Exemplo: cheddar ou bacon? Se eu escolher cheddar, não significa que eu não gosto do bacon. OK?! Vamos lá.

1. Guitarra ou Violão?
P. Violão.

2. Pastel de palmito ou de queijo?
P. Palmito.

3. Socializar ou Netflix?
P. Socializar.

4. Snap ou Twitter?
P. Snap.

5. Comer um cocô com gosto de chocolate ou um chocolate com gosto de cocô?
P. Chocolate com gosto de cocô, ao menos é chocolate e eu não vou colocar merda na boca.

6. Zumbis ou bruxas?
P. Bruxas.

7. Ficar um mês sem ouvir música ou sem comida?
P. Sem ouvir música, porque eu morro se ficar sem comer, né?

8. Montanha russa ou roda gigante?
P. Roda gigante, morro de medo de montanha russa.

9. Fogão ou micro-ondas?
P. Fogão.

10. Novela ou série?
P. Série.

11. Natal ou ano novo?
P. Ano-novo. FELIZ ANO NOVO, ADEUS ANO VELHO, QUE TUDO SE REALIZE...

12. Tomar iniciativa ou esperar a outra pessoa?
P. Tomar iniciativa.

13. Mario ou Sonic?
P. Mario.

14. Estrela ou Lua?
P. Lua.

15. Tênis ou chinelo?
P. Tênis.

16. *Houseparty* ou balada?
P. *Houseparty*.

17. Filme de animação ou comédia?
P. Animação.

18. Peixe ou frango?
P. Frango.

19. Carro ou moto?
P. Carro.

20. Voltar a ter 5 anos ou voltar a ter 15?
P. Voltar a ter 5.

21. Ciências ou geografia?
P. Ciências.

22. Taylor Swift ou Katy Perry?
P. Taylor.

23. Chocolate ou baunilha?
P. Baunilha.

24. Praia ou piscina?

P. Piscina.

25. Sabedoria ou inteligência?

P. Sabedoria.

26. Perder o amigo ou perder a piada?

P. Perder o amigo, porque se perdeu por causa de uma piada, não era amigo. Penso eu. Quer dizer, depende da piada, não é mesmo?

19.

#QUAL é a

música?

P. responde!

Vou responder perguntas feitas pelo Twitter relacionadas a música. Vamos lá.

1. Você curte música sertaneja?

P. Então, eu detestava, confesso. E por causa de algumas pessoas, por exemplo, uma música que lembra alguém de que você gosta, ou seja, sempre que escutava sertanejo lembrava de pessoas de que gosto, e por isso comecei a gostar. Foi assim que aconteceu.

2. Todo mundo tem uma música que faz animar, qual a música que faz o seu milho virar pipoca?

P. Eu falava *Una cita* – Alkilados, mas não posso deixar de dizer que é a *Você chegou* – Barbatuques.

3. Uma cantora que você acha da hora.

P. São várias! Rihanna é a primeira que veio à minha cabeça agora.

4. Quais músicas te deixam leve e quais te deixam louca?

P. Que me deixam leve: William Fitzsimmons. E as que me deixam louca: hip hop e reggaeton.

5. Música eletrônica curte?

P. Sim. Gosto daquelas que têm letra.

6. Uma vez você compartilhou um vídeo da Ariana Grande no Facebook, você é fã?

P. Eu sou muito fã dela. Acho que além de ser linda, maravilhosa, ela canta muito. Ela é uma artista incrível.

7. Um artista que você julga genial e ninguém conhece.

P. Um artista que eu acho genial chama Jon Bellion, ele faz umas músicas incríveis, com melodias e harmonias muito boas. Ele mesmo grava as músicas e são cheias de detalhes. No YouTube tem o processo de gravação dele e é muito interessante. Se você se interessou, procure que vale a pena.

8. Você prefere baladas que tocam qual estilo?

P. Pop e hip hop.

9. O que você acha dos cantores que fazem playback?

P. Vou explicar uma coisinha pra vocês: em certos programas ou apresentações o artista não escolhe fazer playback ou não. Às vezes, isso é imposto, porque o dono do programa ou da apresentação tem medo de haver erros. Mas se o artista tiver o poder da escolha, claro que sempre deve ser ao vivo.

10. Qual música você mais deu *replay* ultimamente?

P. O novo álbum da *AnaVitória*. É um amor.

20.

#Filmes e

séries

Eu sei que vocês gostam desse assunto, mas eu quase nunca falei, pois não tenho tanto domínio: **filmes e séries.** Geralmente os **vloguers** falam bastante sobre isso, mas a questão é que geralmente não sou tão rápida assim pra ficar sempre atualizada. Sai no cinema, porém eu demoro pra assistir e às vezes acabo nem indo. E mesmo quando vou assistir, já passou um tempão. Mas é uma coisa de que eu gosto como todo mundo. Então decidi contar de que tipo de filmes e séries eu gosto, aos quais eu assisti e quais ainda quero ver....

É importante ressaltar que eu amo animações, tenho um apego e não sei por quê. Como **Rei Leão** e **Toy Story** que são clássicos. Gosto também dos mais novos como *Bolt – Supercão*, *Divertidamente*, *Frozen*. Eu amo esses filmes. É filme pra criancinha, mas dane-se. E eu não acho também que necessariamente uma animação seja pras criancinhas, elas gostam, mas meu pai, por exemplo, quando assiste, dá risada como um bobo junto comigo.

Procurando Nemo, que é outro clássico, *Ratatouille*, que é o máximo. Inclusive foi esse filme que fez eu começar a me interessar por culinária e me envolver nisso até o ponto de entrar na faculdade (mesmo que eu tenha frequentado apenas 5 meses).

Valente é sensacional. A trilha sonora me dá arrepios, é muito bom!

Rango, que foi a uma animação que eu assisti sem muitas expectativas, achei muito bom. E o gráfico do filme é ótimo.

Sai animação, a P. Landucci quer assistir. Sou a única dos meus amigos que fica empolgada. Claro que eu gosto de outros tipos de filmes também, só não sou muito fã de filme de ação, cheio de explosão e essas coisas. E filmes de super-herói também não.

Agora filme que eu sou fã, que posso assistir várias vezes é *Resident Evil,* qualquer um deles. Eu conheço *Resident Evil* desde que eu era pequena, desde que era videogame. Então, quando lançou o primeiro filme, já me **empolguei**.

Mas tenho algo que preciso muito resolver: *Harry Potter*. Acho incrível, porém, pensa que o primeiro filme foi lançado anos atrás e agora some com o fato de eu ter um pequeno déficit de atenção. Para assistir filmes, isso atrapalha um pouco. Começo a viajar e quando eu volto pro filme eu já não estou entendendo mais nada. Presto atenção em muita coisa ao mesmo tempo e acabo perdendo o principal, que é a história. Hoje eu tenho consciência disso, então quando isso acontece, eu volto para não **perder nenhum detalhe.**

O que eu quero fazer hoje é assistir os oito filmes de uma vez só para eu realmente entender a história. Ainda não consegui fazer isso, mas vou fazer. Deixo aqui inclusive um convite ao meu amigo C. Chiovetto, que entende de ***Harry Potter,*** pra me ajudar. E não vi o oitavo filme de propósito, pois quero ver os sete filmes, entender certinho, para depois ver o final.

Enfim, gosto de outros, como filmes de mitologia e de fantasias também. Mas como já havia mencionado, minha memória é falha e não consigo listá-los pra vocês.

Agora vamos falar sobre as séries a que eu já assisti. Eu sou meio louca em relação a séries porque fico com muita ansiedade pra terminar todos os episódios. E caso a série seja muito longa, entro em desespero e nem começo a ver.

A primeira série a que eu assisti e da qual gostei muito – acredito que todo mundo já tenha visto, e se não viu, assista – chama-se *Skins*. É uma das melhores séries de adolescentes, na minha opinião. O único problema são as pessoas que assistem e levam o que assistiram pra vida real, achando que a vida é igual à série. Mas ela em si é bem legal, vi todas as temporadas. Uma temporada vai ficando mais **perturbadora** que a outra, e você precisa ter uma cabecinha meio tranquila para assistir pois é um pouco impactante.

Uma série que comecei, mas não terminei, é *The L Word* pelo fato de ela ser bem grande e a história enrolar demais, acho que fizeram isso para estender a série. Fiquei aquela semaninha sem ver, passaram duas, três, seis... passou um ano e eu não terminei e acabei não voltando para terminar. Mas era boa, antes de enrolar era. Enfim, desisti.

Outra que comecei e não consegui terminar foi *Glee*. Eu gostava bastante por ser sobre música e eu **sou apaixonada por música.** Só que não estava vendo sozinha, estava vendo com uma pessoa, e sempre tem aquilo:

Não vê sem mim!

E nisso demorava muito pra assistir e, quando notei, a série já estava na décima quarta temporada. Entrei em desespero e desisti.

Agora uma série que **vi em três dias** foi *Orange is the New Black*. Essa série é muito louca! Foi coisa de largar tudo o que estava fazendo pra ver.

E a série que eu vi depois dessa foi *Breaking Bad*, fiz até um vídeo com a Maddu Magalhães "fabricando" a "metanfetamina" da série. Achei muito boa, gostei dos esquemas de filmagens, da história e tudo mais.

Tem também **Stranger Things,** que superou minhas expectativas e, por fim, enquanto escrevo este livro, estou no meio de *Bates Motel*. Recomendo!

LG

BT

21. Viva o que é seu

Sabe o que mais tem no mundo?

Pessoas em todos os lugares e momentos **pra te criticar,** pra te julgar e tirar uma parte de quem você é.

Mas elas esquecem que a vida é uma só.

E se a gente veio com alguma característica, não importa, é algo seu.

Então **não tenha medo**

Se você é gordinha,

Se você é gay,

Se você quer raspar todo o seu cabelo,

Se você quer ser músico,

Se você é negro,

Se você quer ser tatuador,

Se você é lésbica,

Se você é alto demais,

Se você tem sonhos,

Se você é,

Se você quer.

Sempre alguém se afasta, mas não se preocupe se a pessoa foi embora, ela não era certa para você.

Se alguém da sua família não te aceita, também não se preocupe, **se existe amor, um dia ela muda.**

E se não mudar, você ainda tem outros mil sonhos para realizar.

Se quer algo, insista.

Mas insista de verdade.

Se é algo que você nem acha que consegue,

Você e os que estão ao seu redor vão acabar se surpreendendo.

E sobre o preconceito:

Ignore.

Afinal, "ele não existe".

E não fique triste se um amor for embora

Seja quem você é.

Pois quando todos entenderem exatamente o que tudo isso significa,

Não vão perder tempo com brigas.

Criticando, julgando e competindo para ver quem é melhor.

Cuide de si mesmo e, pra isso, você precisa cuidar das pessoas que estão à sua volta.

E quando tudo estiver feito,

Você entenderá o motivo da vida.

Não perca mais tempo.

Ame mais.

Viva o que é seu!

22.

Homo

Fobia

Muita gente me pede pra falar sobre homossexualidade, mas esse assunto é muito abrangente. É um universo imenso. Se for para **falar sobre homossexualidade**, quero falar direito. Tem muitas arestas, precisa ser explicado com calma para que aqueles que não entendem consigam compreender de fato como tudo acontece.

Pra isso, vou mostrar algumas das citações homofóbicas mais conhecidas e argumentar contra todas elas. Obviamente não dá para falar sobre todas, porque são muitas – é muita besteira que tem por aí. Mas separei as que mais me incomodam ou as mais frequentes. Por que fazer isso? Justamente pra explicar àquelas pessoas que querem **aprender**, mudar, e dizer que discursos de ódio não levam a nada. O preconceito existe justamente porque temos impressões erradas daquilo que não é verdade.

Antes de mais nada, quero comentar sobre um vídeo que assisti, em que em uma das cenas aconteceu um selinho entre dois homens, ou seja, um selinho gay. Foi uma cena bem rápida e que gerou uma quantidade enorme de comentários homofóbicos. Muita gente falando:

> *Adoro este canal, mas não precisava desse* **beijo gay.** *Desnecessário esse beijo gay, para que beijo gay?*

Primeiro, não é questão de precisar. Se eu pegar uma escova e mostrar num vídeo e alguém comentar "nossa não precisava mostrar essa escova" não faria sentido. É a mesma coisa! Vou comparar pra vocês entenderem a gravidade da situação. Por que que te **incomoda** tanto ver um selinho gay?

Sabe quando você está com muita fome, muita fome mesmo, e passa uma propaganda daquela comida que você mais gosta e você diz:

> *Nossa, nem me mostra isso, que eu não quero nem ver, vai piorar minha fome!*

Essa frescura de não poder ver parece com isso.

> *Tem beijo gay até no youtube agora?!*

Não, querido, tem beijo gay até no planeta inteiro! Preciso te falar que pessoas homossexuais existem há alguns milhares de anos já. E isso acontece na sua vida, fora da sua vida, na internet, fora da internet, na TV, fora da TV... Acontece o tempo todo e em todos os lugares. Mas talvez você seja um pouco **alienado** e não veja isso.

Não tenho nada contra os gays, até conheço um, mas é que tem muito viado que é folgado, que vem e passa a mão na bunda e coisas assim, por isso que eu não gosto.

Sim, existem gays que fazem isso. Da mesma forma que existem héteros que não respeitam as mulheres nem casais lésbicos; da mesma forma que alguns casais lésbicos não respeitam meninas héteros; da mesma forma que... Estou querendo dizer que existe gente que não respeita o outro seja gay, bi, lésbica ou hétero – não tem a ver com a sexualidade, e sim com caráter. Então, não misture as coisas dizendo que homossexualidade faz a pessoa ser assim, porque não faz.

Homossexuais são promíscuos.

Quem te contou isso? Da mesma forma que existem **gays** que ficam com vários caras e possuem uma vida sexual diferente da sua, existem héteros que fazem o mesmo. Mas isso ninguém vê, pelo contrário, dizem que é "pegador". Mais um fato que não ter a ver com a **sexualidade** da pessoa, e sim com o que ela quer.

Mas a Bíblia e Deus condenam!

Você pode seguir a Bíblia e acreditar nela, mas você não pode repreender ou descriminar outras pessoas que não acreditam pelo simples fato de não serem obrigadas a acreditar, logo as leis da Bíblia não se aplicam a elas.

Não estou desrespeitando nem insultando o que está na Bíblia, inclusive o que está lá nem entra em questão aqui, o que quero frisar é que não importa o que está escrito nela. Se eu não acredito, essas leis não têm efeito sobre mim. E ninguém pode me discriminar por conta disso, porque sou eu quem tem o poder sobre minhas atitudes, o poder de escolha, o **livre-arbítrio.** E mesmo que essas coisas sejam absurdas ou anormais pra você, se pra mim é algo, normal e me faz feliz, desde que não interfira na vida de alguém nem desrespeite as pessoas, eu vou fazer, sim.

O certo e errado são relativos. Eu tenho o direito de fazer da minha vida o que bem entender. E não tente justificar seus preconceitos por leis de crença, pois elas não se aplicam em mim. Vamos supor que eu entre em uma religião em que acreditamos que usar verde é pecado, e começo a exigir que você e todas as pessoas não usem mais roupas verdes. É um absurdo, não é mesmo? Até porque, VOCÊ não acredita que usar verde é um pecado e não precisa parar de usar só porque **eu acredito**. É a mesma situação. Você não tem o direito de interferir na minha vida, porque esse direito é apenas meu.

Mas o que será da humanidade com gays e lésbicas?

O que será? O que sempre foi! O que sempre é! Não muda nada. Até porque não é todo ser humano que é **homossexual,** da mesma forma que não é todo ser humano que é hétero. Assim como não é todo mundo que é loiro, nem moreno, nem todo mundo tem pele branca ou negra; da mesma forma que não é todo mundo que tem olhos azuis ou castanhos. E se está afirmando que existe o perigo do "mundo todo virar homossexual", você está afirmando que tem perigo de você mesmo ser homossexual. Você faz muita força para ser hétero? Então não fale tamanha besteira, pois nada mudará. É algo que não muda, não tem um crescimento ou uma diminuição, isso sempre existiu e sempre existirá.

Isso não é natural, vai contra a natureza humana, biológica.

Em primeiro lugar, não somos livros de ciências, somos pessoas, **pessoas que possuem sentimentos,** que possuem emoções. Temos o direito de sentir essas emoções naturalmente. Realmente a biologia é perfeita e, justamente por ser tão perfeita que, mesmo existindo exceções à regra, ela não será afetada. Mais uma vez, pelo simples motivo de não ser o mundo inteiro que é homossexual. Não precisa se apavorar que a humanidade continuará normal. Inclusive, é sempre bom lembrar, muitos casais homossexuais adotam crianças que casais héteros abandonaram.

E um fato bem importante: o que será da humanidade com gente que tem tanto ódio? Com tanta gente que mata? Que faz maldade com os outros? Com tanta maldade com os animais? Com tanta gente que acaba odiando a outra pessoa sem nem ao menos a conhecer? Por um motivo que ela nem conhece direito, apenas entrando numa "filinha", na qual todos seguem a mesma coisa, da mesma forma que os nazistas fizeram com os judeus e com os negros, há pessoas que fazem hoje com os homossexuais. E também existem pessoas que ainda hoje discriminam mulheres e negros. Então, você que disseminam o ódio, pare pra pensar: você conhece alguém LGBT?

Conheço e ele é todo errado!

Tudo bem, então conheça outra pessoa! Conheço pessoas héteros que também são bem "erradas", só fazem besteira. Mais uma vez: a orientação sexual não influencia no seu caráter.

Eu não sou preconceituoso(a), mas não queria que um(a) filho(a) fosse LGBT, *porque tenho medo do preconceito.*

Realmente existe o preconceito, mas ele não é exclusivo para gays e lésbicas. Todos os dias milhares de crianças sofrem bullying na escola, o que pode comprometer a formação delas. E sabe por quê? Porque ela é gordinha, porque ela usa óculos, porque usa aparelho, porque tem um problema na fala, porque é mais quietinha – ou seja, tudo é motivo pra preconceito. Tudo é motivo pra **exclusão**, pra querer zoar o outro, rir do outro. Isso acontece todos os dias nas escolas, e as crianças não falam porque têm medo de gerar uma reação ainda pior. Então, às vezes, seu filho hétero pode sofrer muito mais preconceito do que uma criança homossexual. Mas você só se importa se for homossexual, né? E – vou ser repetitiva mesmo – não é a orientação sexual que vai mudar isso.

O que precisa ser feito não é tirar o óculos do seu filho para que ele não seja zoado, não é desejar que o filho não seja gay, não é desejar que o filho não seja gordo. Você tem que **ensiná-lo a respeitar** as outras pessoas, ensiná-lo que existe diversidade no planeta Terra, e ainda bem que ela existe. Imagina se todos fôssemos iguais, que saco! Ainda bem que existem pessoas diferentes, tipos de energia, tipos de histórias, existem tipos de tudo. Você escolhe se quer usar uma saia ou uma calça, até isso você pode escolher!

Mas você não escolhe nascer loira, você não escolhe nascer com olho azul, você não escolhe nascer gay, não escolhe nascer hétero, você simplesmente vem assim. Então o que vai mudar? Nada. O máximo que você vai conseguir é que a pessoa se esconda de você, porque você é egoísta e só a sua felicidade importa, a dos outros, não.

Ser gay não tem problema, mas tem que ficar se expondo, tem que ser aquela bicha louca ou mulher tem que colocar roupa de homem?

Tem, sim. A pessoa faz o que ela quiser. Não é questão de se expor, é apenas ser o que ela é. Ela pode ser homem, hétero, usar a roupa que quiser, agir da forma que quiser, andar da forma que quiser. Pode ser mulher hétero e usar uma calça larga, uma blusa justa, um vestido, a escolha é dela. Não é porque é mulher que tem que ser cheia de frescura, e não é porque é homem que tem que ser ogro. Isso é bobagem, regrinha de gente ignorante. Você é o que você quiser, você fala do jeito que você quiser.

Existem gays que não são afeminados, mas não pra se esconder, só porque são assim. E existem gays que são afeminados, e não fazem isso pra aparecer, é porque simplesmente são assim.

A pessoa não vai mudar e não tem obrigação de mudar só porque alguém se incomoda. Ela pode fazer o que quiser da vida dela. A menina, por exemplo, se quiser usar um boné, o cabelo curto, ela usa, ela tem que ser o que ela é. Ou se ela é lésbica e é feminina, está bom também. Se a pessoa se sente bem, é o que importa.

Não é porque alguém é homossexual que tem que se esconder. Coitado de quem pensa assim.

Sapatão quer ser homem e gay quer ser mulher.

Não. Homosexualidade é diferente de transexualidade ou transgeneridade. O que é isso? Quando alguém nasce com os órgãos sexuais femininos, mas o cérebro é totalmente masculino. Ou vice-versa. A pessoa não entende porque seu corpo não condiz com sua mente.

Então, se a pessoa é trans ela não é necessariamente homossexual. **Se alguém nasceu mulher,** mas a mente é de homem, a mente é mais importante, então a pessoa faz a transição, e passa a ser um homem trans que gosta de mulher, ou seja, homem trans hétero (Pode ler devagar para entender melhor.)

Existem também transexuais homossexuais.

Portanto, **não generalize,** perceba o que você está falando. Gay se sente homem, gosta de ser homem e sente atração por homens. Lésbica se sente mulher, gosta de ser mulher e sente atração por mulher, independentemente do tipo da roupa que ela usa. Quando ela tira a roupa não deixa de ser mulher, e um gay quando tira a roupa não deixa de ser homem.

E ainda existem muitos outros argumentos que, com certeza, muita gente vai me lembrar. Mas são argumentos tão ignorantes que as pessoas enchem a boca para falar, que você fica:

> *Pensa um pouco, analisa o que você está falando, para de querer inventar regra, para de querer que as pessoas vivam do seu jeito. Se você gosta da sua vida assim, maravilha,*

mas as pessoas não têm que te seguir e você não pode exigir isso delas.

Ser gay virou modinha.

Não estamos falando de roupa. Se alguém quer usar saia laranja porque está na moda, ela usa. Quando sair de moda e entrar azul, ela então passa usar azul. Isso é moda! Se virar tendência comer salmão, e você não gosta de salmão, você não vai comer. Consegue entender? É a mesma coisa. **Se você não gosta** de homens, você não vai ficar com homens, não importa quantos gays tenham a sua volta.

Na verdade, virou moda lutar contra o preconceito, e que moda linda!

E se você considera homossexual uma pessoa que deu um ou dois beijos numa pessoa do mesmo sexo, você não tem noção! Isso não é ser gay. A pessoa pode pensar "Vou experimentar, vou ver como é que é", provar e não gostar. Se a pessoa não gostar, não vai ser um beijo ou uma transa que vai mudar o que ela é de verdade. Uma "tendência" que faça as pessoas mudarem de orientação sexual não existe.

Na minha época isso não existia.

Será? Existia e muito! Mas antigamente era tudo **às escondidas.**

Hoje tem muito mais.

Não, não tem. Acontece que hoje em dia as pessoas estão começando a evoluir e estão percebendo que precisam **viver** a favor da sua **felicidade** e não precisam ficar dando satisfação pros outros. Com isso estão parando de se esconder.

Mas lá, antigamente, existia, ô se existia! Mas era tudo quieto. Havia tanta fachada, que você nem imagina.

Agora, vamos muito mais atrás, lá na época de Platão, quando nosso filósofo e pensador era vivo. Nessa época era extremamente normal ter relações homossexuais e heterossexuais, ninguém se importava, **NINGUÉM SE IMPORTAVA!** Isso veio depois, o preconceito contra homossexuais veio junto com a igreja, lá na Idade Média, se não um pouco antes. Ela que manipulava o povo a seu favor. E com o tempo isso se agravou e foi se tornando um grande julgamento e preconceito. Mas, antes disso, era normal.

Sobre esse seu pensamento de que na sua época não tinha: **te enganaram.**

Enfim, pare de se importar com a vida dos outros, você não tem nada a ver com o que as pessoas usam, com o jeito que falam... não tem a ver. E se você não gosta, infelizmente o problema é seu!

Não sou obrigado a ver.

Tem gente que não é obrigado a ver sua ignorância. Estamos aí vendo todos os dias e ainda não te batemos por causa disso. "Que ignorante vamos matar?".

Não, a gente não faz isso.

Não seja ignorante, pense nas coisas, analise. Não vá no embalo da massa.

Eu sei que existem pessoas que, mesmo com tudo isso que acabei de falar e mesmo com muitos argumentos, sempre vão bater o martelo por puro prazer de ser contra ou pra não dar o braço à torcer.

Você que agora me odeia por causa disso, "boa viagem". Pois o que eu menos preciso são de pessoas preconceituosas e retrógadas do meu lado. Assim ao menos há uma seleção natural das pessoas que eu quero comigo e as que eu quero bem longe de mim. Seja diferente, **abra sua mente.**

#CONTE AQUI!

VOCÊ JÁ PRESENCIOU UMA SITUAÇÃO EM QUE ALGUÉM FOI HOMOFÓBICO?

23.

Como me

descobri?

Eu era zoada na escola, tentavam fazer bullying, mas não conseguiam, pois não me irritava tanto: as meninas me chamavam de Paulão, porque eu me vestia “igual menino”. Eu não gostava de vestir as roupas que minha família queria que eu vestisse, por isso hoje eu odeio esse negócio de sexismo. Quando eu era criança e não gostava de vestir as roupinhas “de menina”, eu era muito julgada, além de me sentir sozinha.

Nunca achei oportuno falar sobre se assumir no meu canal, mas aqui eu sinto liberdade em falar disso.

Demorei para me assumir, ao menos no meu meio de conhecidos, acho que demorei, foi entre 15 e 16 anos.

Quando você vem nesse mundão, não pensa na possibilidade de ser gay ou lésbica. O primeiro namoradinho, a paixãozinha platônica na escola geralmente já vem "padronizado" ou seja, no meu caso, com meninos. As meninas são todas amiguinhas e essa possibilidade de **gostar** da sua amiga não passa pela sua cabeça logo de primeira, ao menos pra mim foi assim.

Para eu pensar nessa possibilidade tive que ter o contato com o mundo gay. E eu tenho o costume de me pôr no lugar do outro para entender o que ele está passando. Logo para me pôr no lugar do amigo gay, pensei "Ele pega pessoas do mesmo sexo" e pra entender o que ele passava, eu me imaginei ficando com uma pessoa do mesmo sexo, ou seja, uma menina. E pensei: "Nossa! Até que não é tão ruim assim." E digamos que eu tenha gostado um muito pouco da ideia.

Como eu já ficava com **homens** e depois percebi que gostava de **mulheres**, a primeira coisa que veio a cabeça foi: sou bissexual. Mas quanto mais eu fui amadurecendo e formando minha personalidade, percebi que estava ficando com homem por... porque era trouxa mesmo! **Percebi** isso quando fui numa balada (já faz muito tempo!), tinha 15 anos. Nessa balada eu fiquei com quatro meninos e quatro meninas (credo, quanta gente! Haha!). Foi, inclusive, a primeira vez que fiquei com meninas na minha vida. Era uma matinê LGBT. E lá comecei a notar que pra eu ficar com os meninos, eles precisavam insistir muito para conseguir ficar comigo. E para mim era algo do tipo "ah, ta bom vai, ficamos, agora vaza". Já pra ficar com as meninas, eu me dediquei e foi total o meu foco na festa. Comecei a **rever os conceitos:** "Será que ainda fico com homens por não conseguir dizer não? ". Isso inclusive entra muito na questão do machismo. Sabe quando vem um babaca dar em cima de você e você fica rindo sem graça e sem jeito pra dar um fora? Pois é, não é por aí, você tem que chegar e falar "não, obrigada, não estou afim!". Eu sei, pois já fui assim, não queria ser grossa nem antipática, mas os caras não estão nem aí. Você tem que falar *não* quando não quer e *sim* quando quer. Você não tem obrigação de ser simpática se você está incomodada. E nem de fazer a vontade dos homens.

A minha família inteira aceitou, menos duas pessoas bem próximas, e isso foi pesado. Mas ou eu enfrentava pela minha liberdade e pelo que eu sou, ou ficava engaiolada, e eu não queria isso. Eu tenho muito respeito pela família, mas a gente tem que entender que temos que colocar a nossa felicidade em primeiro lugar, porque não conseguimos fazer o outro feliz se a gente não estiver feliz. Não damos aquilo que a gente não tem. Você que hoje tem 16, 18, 20 anos e mora com seus pais, vai chegar um momento em que você vai ter que arrumar um emprego, comprar uma casa e morar sozinho. Você vai fazer o que se não estiver feliz?

Família precisa estar sempre **do nosso lado,** mas às vezes falha. Me assumi pro mundo e nunca sofri preconceito no lado de fora. Mas quando me assumi pra minha família, infelizmente tive conflitos. Mas segui em frente, sem medo. Hoje, depois de quatro anos, tudo se ajeitou.

Nunca deixe de ser feliz, ou viver sua felicidade por ter pessoas próximas que não te aceitam, siga sua felicidade. E pode parecer que não, mas um dia tudo se acerta.

#CONTE AQUI!

TRÊS ATITUDES PRA AJUDAR UM AMIGO A SAIR DO ARMÁRIO:

»

»

»

CONSELHOS

DA P.

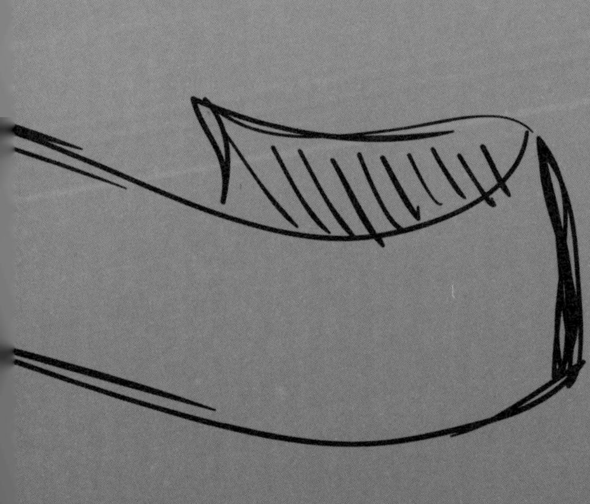

BLÁ

24. Se assumindo pra FILHA

"Quero me assumir pra minha filha, o que eu faço?"

Recebi um e-mail **muitíssimo** interessante e queria falar sobre ele:

Olá minha querida P. Landucci, meu nome é Maria, tenho 27 anos e sou de Maringá. Vou resumir minha história e espero que você possa me aconselhar. Conheci a pessoa mais incrível do mundo, a amo como jamais amei outra pessoa, construímos uma relação estável e muito bem-estruturada.

Sete anos já se passaram e ainda não encontramos o momento e a maneira de dizer pra minha filha sobre o nosso relacionamento. Detalhe: quando nos conhecemos a minha filhinha tinha 4 anos e hoje ela tem 11, e ama a Carla como uma mãe. O meu maior medo é que essa estrutura, o amor e a família que construímos nesses sete anos possam ser abalados com a reação dela.

Desde já agradeço sua atenção, espero que possa me ajudar. Sou muito fã da Hewie e do seu canal. Aguardo ansiosamente pela resposta.

Primeiramente, obrigada por esse carinho.

Achei seu caso muito interessante por você ser uma pessoa mais velha que eu, e ter a honra em talvez poder te ajudar.

Pra quem me conhece sabe com quanta naturalidade eu trato a homossexualidade, pois o amor para mim é simples. Se você ama alguém do mesmo sexo ou do sexo oposto, não faz diferença. Isso de forma alguma é abominação nem fora do comum, e quem ainda acredita nisso está completamente perdido no tempo, na sua estrutura mental e precisa estudar um pouquinho mais pra ter conhecimento de que isso não é um problema. Assim como anos atrás a escravidão era legalizada, e hoje nós sabemos o quanto é absurdo, também precisamos saber o quanto é absurda a homofobia.

Na minha opinião, se você conheceu essa pessoa e construiu essa relação de **amor**, de estabilidade e de família com ela, você precisa confiar nisso. Não existe nada mais bonito do que você encontrar alguém que seja parceiro pra construir uma história saudável, leve e harmoniosa, como você mesma mencionou.

Você não precisa ter medo de contar para sua filha, principalmente porque o medo é uma energia que anula nossos desejos. A única coisa que penso é que, infelizmente, vivemos em um mundo que muita gente ainda não evoluiu mentalmente, logo não podemos controlar o que sua filha escuta, por exemplo, na escola. Ela pode ouvir comentários **homofóbicos** e fazer uma relação de que ser homossexual é ruim ou errado. Mas aproveite o fato de ela ser nova, pois ainda dá pra desconstruir esse preconceito e explicar, de pouco em pouco, como a relação de vocês é algo leve e natural.

O primeiro passo é instruir e mostrar que no mundo existe diversidade. Existem pessoas que namoram pessoas do mesmo sexo e outras que namoram pessoas do **sexo oposto**. Vá mostrando pra ela o quanto isso é simples e sem muita relevância, e que ela não deve julgar o outro por ser diferente. Mostre casais que são felizes, que construíram uma família e vá acostumando, mostrando que isso não é uma escolha nem uma opção, é algo que simplesmente acontece. E depois que ela já estiver com a cabeça mais habituada a esse tipo de informação e realidade, você explica a relação de amor que construiu com sua parceira.

Explique, aos pouquinhos, que ela deve respeitar todas as pessoas e quando já estiver acostumada com isso, você conta naturalmente. Diga que vocês não contaram de uma vez pra ela não se assustar, mas que você e a Carla **são um casal,** que a amam da mesma forma e serão felizes da mesma forma. Tenho certeza de que vai dar tudo certo e que ela vai entender. Como disse, não sabemos o que ela escuta lá fora. Pode ser que ela nem tenha opinião formada sobre isso, pode ser que ela já seja a favor e já não veja problema algum. As crianças de hoje são muito inteligentes e sábias.

Converse com calma e amor, e tenho certeza de que vai dar tudo certo. Depois me conta, pois quero saber e quero ver vocês três juntas, formando uma família, porque isso é família, sim! Família é constituída por amor, e não por regras da sociedade. Família pode ser mãe e filha; mãe, tia e filha; avós e neto; casal heterossexual com filho e casal homossexual com filhos. Família é família.

Muita felicidade, vou torcer para que tudo dê certo. Aliás, já deu certo!

#CONTE AQUI!

COMO É A SUA FAMÍLIA?

- [ ] PAI
- [ ] MÃE
- [ ] TIO
- [ ] TIA
- [ ] PRIMO(A)
- [ ] AVÔ
- [ ] AVÓ
- [ ] NAMORADO(A) DA MÃE
- [ ] NAMORADO(A) DO PAI
- [ ] AMIGOS(AS)
- [ ]
- [ ]

25.

Conto pros

meus pais?

Oi, P., meu nome é Natalia, sou lésbica recém-assumida e comecei a namorar, mas não sei como vou contar isso pros meus pais. Você tem alguma dica ou ideia de como posso fazer isso?

Amo seu canal, você é incrível!

Obrigada, Natalia!

Eu não sei a sua idade e esse assunto de contar depende muito de como é a situação e a cabeça dos seus pais também.

Se você é muito nova - uns 15 ou 16 – e sabe que seus pais são mais sossegados em relação a isso, eu aconselho a contar. Caso tenha vergonha de falar cara a cara, você pode escrever uma carta. Mas, caso você ache que será mais complicado, às vezes é melhor esperar um pouco. Por você ser nova, eles podem ser mais agressivos ou proibir você de viver algo. Podem também dizer que é só uma fase e todo aquele bláblábla... Ou seja, às vezes é melhor esperar um pouco, ter mais maturidade, até mais independência, pra **contar**, enfim, ser mais segura de si mesma. Não precisa se estressar, viva sua vida e fique tranquila. Mas se você já é mais velha e acha que vai fazer muita diferença contar, conte. Porém, se você acha que não vai fazer muita diferença, se seus pais forem cabeça fechada ou que isso vai acabar gerando muito **conflito**, das duas uma: ou você dá a cara a tapa e enfrenta pra se sentir mais livre e "fora do armário", ou você nem passa por esse estresse, espera sair de casa, espera ter sua própria grana e independência.

Claro que cada um vive uma situação diferente. Mas sempre sou a favor da **verdade** e, claro, quanto mais escondemos o que somos, mais parece, aos olhos da sociedade, que estamos fazendo algo "errado", algo que precisa ser escondido ou discreto. Porém, temos o mesmo direito de conversar e **viver** nossos gostos, nossas experiências e nossas vontades, com a mesma naturalidade que heterossexuais fazem. Sem tirar nem pôr.

#CONTE AQUI!

CONTAR OU NÃO CONTAR: EIS A QUESTÃO!

PRÓS:

CONTRAS:

26.

Quero

SER MÃE

Essa história me deixou **bastante** curiosa.

Oi, P. Tudo bem?

Meu nome é Camila, tenho 22 anos e estou terminando minha faculdade de Direito, ano que vem me formo. Acontece que, apesar de estar me preparando pra OAB, ser estudiosa e esforçada, o meu maior sonho – que é a única coisa que tenho certeza que quero e não abro mão – é ser mãe.

Desde o ano passado sinto que o meu relógio biológico despertou e com ele um amor enorme desabrochou em mim. Todos os dias eu penso nessa criança. É um amor incondicional.

P., me ajuda, qual o seu conselho? Vou atrás do meu sonho agora ou espero?

Esqueci de um detalhe importante: eu namoro há dois anos e meio e meu namorado sabe do meu sonho, ama crianças, amaria ser pai, mas ele diz que é um pouco cedo ainda.

Um beijo!

Camila, querida. Vamos conversar, por favor!

O que eu acho: você tem 22 anos, ou seja, minha idade, e eu me considero ainda uma criança. Também quero muito ter **filhos** um dia, mas claro que a minha vontade ainda não está desenfreada como a sua neste momento.

Eu concordo com seu namorado, acho que ainda é muito cedo. Vinte e dois anos é só o começo de uma linha gigantesca. Você é muito nova, e isso quer dizer que ainda depende das pessoas, como seus pais. Posso estar falando besteira, de repente você já mora e se sustenta sozinha. Mas, ainda assim, acho que é uma época muito importante para você amadurecer e evoluir. De 22 anos até os 25 sua cabeça vai mudar muito. Da mesma forma que eu tenho certeza que mudou desde seus 15 anos. Quando você chegar nos 27 ou 28 anos, aí sim pode pensar melhor sobre isso.

Outra coisa importante: dois anos de namoro é um tempo legal, mas na minha opinião não tempo bastante pra ter um filho. Já conheci várias pessoas que namoraram cinco, seis, oito anos e se separaram. Não que tenha problema ter um filho e depois se separar, mas é sempre melhor termos mais certeza de que aquele parceiro seja realmente o ideal para realizar esse sonho. **A cabeça muda muito,** mesmo que com 22 você já seja madura, é diferente quando você chega aos 28, por exemplo. Converse com alguém mais velho e verá que é verdade.

É importante que você esteja preparada para viver essas mudanças, porque esses momentos vão definir como você será na vida adulta, lá pelos 40 anos. Com 22 você ainda é praticamente uma adolescente.

Então meu **conselho** é: espere, querida. Seu querido bebê vai nascer, apenas espere um pouquinho para ele vir num momento melhor, em que você vai estar mais estruturada, com mais sabedoria, com mais vivência pra poder criar sua criança da melhor forma possível.

27.

Di
vi
dindo

O CRUSH

Meu crush está a fim da minha amiga, mas ela sabe que eu sou a fim dele. O que eu faço?

Vamos lá: você gosta de alguém, porém essa pessoa gosta da sua **amiga**, ela sabe disso, mas não fica com essa pessoa pra não chatear você? Infelizmente, quem está em desvantagem é você!

Você tem duas opções, ou você tem uma **atitude** imatura e egoísta:

Não fica com ele porque ele é o MEU crush!

E passa feião, porque isso é uó. Ou você entende que esse tipo de coisa acontece, que às vezes na vida a gente pode até **gostar de alguém,** mas aquela pessoa não gosta da gente de volta. Quando isso acontece, precisamos seguir em frente. Então você diz:

Vai amiga, sejam felizes!

Quem sabe, depois de um tempo, acontece a mesma situação com você, porém ao contrário, e você precisa da **compreensão** da sua amiga. Nunca se sabe.

Forçar o outro a gostar de você não dá. Então não queira proibir os outros de viverem suas experiências, e você faça o mesmo! Bola pra frente que com **certeza** você encontra alguém interessante que goste de você também!

#CONTE AQUI!

MINHAS AMIZADES + SINCERAS, POR QUEM ABRO MÃO DE QUALQUER CRUSH:

»

»

»

»

»

»

»

28. Namoro

À distância

Oi, P. Meu nome é Renally e queria saber sua opinião sobre relacionamentos à distância. Já passei por muitas situações de amigos zoarem, dizendo que é muito idiota acreditar nisso, que esse amor não existe, que ninguém é fiel e que não vai dar certo simplesmente porque não tem "contato" com a pessoa etc. Queria saber se você acha que namoro à distância realmente impede/dificulta um relacionamento.

Obrigada.

Vejamos, existem dois tipos de **relacionamento** à distância que já vi até hoje. Um deles é viável e o outro totalmente inviável.

Antes de mais nada, o que é um **namoro**? É encontrar alguém de quem você realmente goste e com quem queira ficar. Isso é coisa séria. Você só pode querer namorar alguém se você só o(a) quiser e ponto final. E se você gosta de alguém assim, obviamente vai querer essa pessoa do seu lado.

Hoje em dia a gente conhece muitas pessoas pela internet e acaba se apaixonando por alguém. Isso é ruim caso não possamos conhecer essa pessoa. Meu amigo Guilherme, por exemplo, pianista da Hewie, já namorou à distância, ele mora em São Paulo e a namorada da época, em Marília. Eles se conheceram pela internet, curtiram um papo, e então começa aquela coisa de Skype, de querer ver o outro pela webcam, aquele **romance**. Mas chegou o momento em que ele falou:

> *Estou gostando de você, mas a gente nunca se viu, então preciso saber se isso é real. A gente precisa conversar pessoalmente.*

Ele foi pra Marília e a conheceu. Tudo deu certo e, a partir daí, eles começaram a se ver aos finais de semana. Quando ele podia, viajava para Marília e, quando ela podia, vinha para São Paulo. Com isso, foram se gostando cada vez mais e chegaram a ficar juntos mais de um ano.

Isso é um **namoro à distância** viável: eles moram longe, mas sempre estavam juntos, mesmo precisando viajar para isso.

Mas um relacionamento à distância que não existe, que não rola, é aquele que você nunca viu nem vai ver a pessoa. Se você já pediu a pessoa em namoro sem nunca ter conhecido pessoalmente, já é um absurdo.

A **paixão** pode acontecer antes de você conhecer alguém pessoalmente. Ficar pensando o tempo todo nela, querer conversar, querer conhecer, se interessar... pode acontecer. Mas sentimento de verdade, amor, pra namorar, isso só vem com a convivência. Não existe namoro se você nunca viu a pessoa na sua frente.

Namoro é um **compromisso** de relacionamento, em que casais se abraçam, se beijam, têm relações sexuais, saem juntos, ficam em casa juntos, enfim, vivem juntos. Como que pode namorar com alguém que nunca viu pessoalmente? Sem falar que mesmo quando nós conhecemos alguém pessoalmente e começamos a nos relacionar com ela, demoramos muito para conhecer 100% essa pessoa. Imagine só quando duas pessoas se conhecem apenas por internet. Com certeza, é sem chance.

+ SOBRE

A

P.

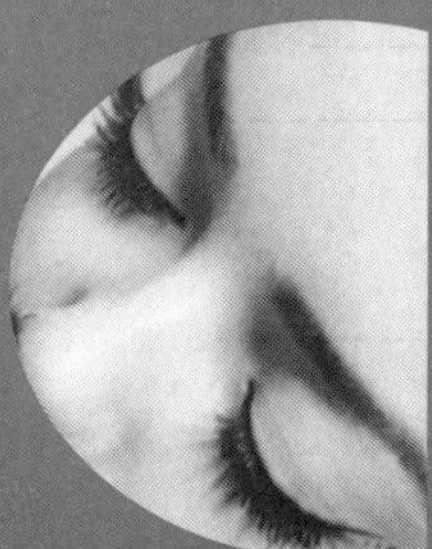

Law of

29.

Descubra seu TALENTO

Sabe aquela famosa frase:

Você precisa estudar, pra entrar numa boa faculdade, fazer um curso bom, pra ganhar dinheiro.

Eu queria te dizer que você foi enganado a vida toda.

Você sabe o que é **sucesso** em sua total significância da palavra? Sucesso não é só ter dinheiro no bolso. Sucesso é você ganhar bem e — grande ênfase para esse "e" — ser **feliz** e **realizado**. Gravou essas duas palavras? Porque elas são importantes.

Esqueça essa ideia de fazer algo apenas porque dá dinheiro. Existem algumas profissões que realmente dão muito dinheiro, por exemplo, Medicina, Direito. Porém, se você for a fundo e olhar um por um os que estudaram, você verá uma coisa curiosa: nem todos ganham tão bem assim. E você vai se perguntar: por quê? O que essas pessoas têm em comum? A resposta é: **paixão** por aquilo que fazem.

Não adianta entrar numa faculdade de Direito achando que vai ganhar grana se você não gosta, não ama a profissão. Porque assim você vai ser infeliz, vai desperdiçar o seu tempo. Além disso, depois de ter ficado anos nesse curso, você pode querer fazer outra coisa ou mudar de profissão, vai ter "desperdiçado" tempo e dinheiro com a faculdade. E assim, você vai exercer uma profissão de que não gosta, não será **feliz** e isso não vai te trazer gratidão, e se não temos gratidão, não temos sucesso.

Agora você deve estar desesperado(a) pensando que, se não vai ganhar dinheiro nem com essas profissões conhecidas como mais rentáveis, o que vai fazer da sua vida? É neste momento em que chegamos na parte mais importante: descubra o seu talento! O talento não é à toa, não serve pra você ficar mais bonitinho ou parecer mais legal.

Todos têm talentos, sem exceção.

Mas eu não tenho talento algum!

Não emane tamanha besteira! Você apenas não o achou ainda, mas com toda certeza, você tem.

Eu já tentei de tudo e nada dá certo.

Não existem só cinco, dez ou cem tipos de talentos. Existem milhões de talentos. E, às vezes, ele vem de algo que você nunca imaginaria.

A sua **profissão** precisa ter **ligação** com o seu talento. Precisa deixar você executar seu talento. Sendo assim, você vai fazer bem-feito, com alegria de trabalhar e de estudar. Você vai se sentir **realizado** e isso vai te trazer gratidão e trazer para perto de você tudo o que você quer.

A energia funciona da seguinte forma: quando você é grato por tudo o que tem e até pelo que não tem, você atrai tudo aquilo que quer. Porém, quando não está bem emocionalmente e reclama muito, você afasta tudo o que quer. Então, não aceite desperdiçar seu precioso tempo fazendo algo que não te dê prazer, em que você não possa usar seu talento. Não o deixe guardado numa gaveta.

Se você não conhece seu **talento** ainda, corra atrás dele, se surpreenda, procure formas de encontrá-lo. Uma maneira fácil de encurtar esse caminho é simplesmente vasculhar aquilo que gosta de fazer. Vamos supor que você goste de cozinhar, mas não seja bom nisso. Tudo bem, continue explorando esse universo. De repente você descobre que seu talento é estudar como os alimentos são cultivados e se torna, sei lá, um engenheiro agrícola.

Vá atrás do que gosta e não apenas nas coisas óbvias, procure nas entrelinhas, aprofunde-se, mergulhe, que em algum momento, com certeza, você o encontra.

Imagine a **gratidão** como um átomo, o núcleo desse átomo. Em volta dela vão girar quatro coisas importantíssimas: **felicidade** gerando **ação;** ação gerando **paixão;** paixão gerando **dinheiro;** e dinheiro gerando felicidade. E você entra numa bola de neve de prosperidade que você nem sonhava que poderia ter.

Você é a única pessoa que pode fazer isso por você. Ninguém vai agir pelo seu sonho. E, se em algum momento, você pensar *"Não vai dar certo"* ou *"Será que vai dar certo?", então* não vai dar. Somos aquilo que pensamos. Não tenha dúvidas. O medo trava. Se você sentir medo, tente acabar com isso, pense que vai dar certo. E o mais importante: **SINTA** que já deu certo.

O universo é assim, você age e ele te devolve.

#CONTE AQUI!

QUAL SEU TALENTO? ESCREVA, DESENHE, COLE FOTOS: VALE TUDO!

30.

Influências e gostos

musicais

Muitas pessoas perguntam minhas influências pra compor e os estilos musicais de que eu mais gosto.

Tive uma mudança muito radical sobre os estilos que eu gosto. Mas antes vou começar pelas influências.

Em primeiro lugar vem o folk, meu maior amor, que me inspira muito, acho maravilhosa a **sonoridade** do violão e de todos instrumentos de corda. O hip hop é um estilo que eu amo demais. Todos aqueles graves, aquele estilo americano. O pop, em todo seu universo gigantesco. **Eu** adoro porque pode ser simples e complexo. Ele pode ser tudo ou nada ao mesmo tempo. É livre. Não precisa se preocupar tanto em ficar preso a cadências complicadíssimas. Você simplesmente curte aquela vibração. Para compor eu tenho influência também do reggae e do rap.

Mas falando dos estilos que eu gosto de ouvir, aconteceu uma coisa muito interessante comigo. Antes eu tinha "ódio" de alguns tipos de músicas. Não conseguia ouvir nem ver alguém cantar, ou até mesmo falar deles, me irritava. Dentre eles: o sertanejo, o samba, o funk e vários outros. A maioria deles brasileiros, porque sempre tive uma influência, dentro de casa, muito mais americana. Criada desde pequena ouvindo músicas internacionais, tive uma raiz brasileira muito fraca.

As pessoas tomam o gosto musical como um currículo. Como se precisassem mostrar aquele currículo e mostrar que são melhores. E as pessoas que entendem um pouco mais de música, que estudam isso ou que têm "um gosto mais refinado", ou seja lá o que for, têm um certo preconceito com alguns estilos, como o pop, o sertanejo ou o funk.

Quando falo de funk estou falando daquele mais tranquilo. Sem putaria na letra, sem violência, aquele que fala sobre a vida mais simples ou até de ostentação, mas de uma forma mais tranquila. Aquele mais para o pop, ou até mais Anitta.

Eu era assim, precisava falar que não ouvia aquilo de jeito nenhum "*porque isso não é música, é porcaria*". Mas, um belo dia, assisti a um documentário de alguns artistas com os quais não tinha o menor contato, do sertanejo e do funk, e eu vi um lado que não tinha enxergado antes. Por exemplo, no funk, tinha um garoto que teve uma vida bem simples e desde pequeno gostava muito de mexer com cabelo, ele trabalhava num salão de cabelereiro. Seus pais eram separados e ele queria muito dar **uma vida melhor** pra família dele. E ele tinha dois exemplos de pessoas que ganhavam muito dinheiro dentro da realidade dele: um era traficante e o outro cantava funk. Como ele não queria seguir a vida do crime, decidiu que queria cantar funk. E foi isso que ele fez. Hoje ele é milionário, tem uma casa gigantesca e pôde ajudar a família.

Isso me fez pensar que a **música** não é só música. Ela é o som com a soma de quem está tocando, a história dessa pessoa. Então, comecei a abrir minha mente e passei a não ter mais raiva. Comecei a escutar como curtição. Hoje eu escuto tranquilamente um funk numa festa, pra curtir, pra brincar.

E o mesmo com o sertanejo. Se você for ver, o cantor sertanejo, às vezes é aquele cara que veio lá do sertão com uma viola e transformou o amor que ele tinha por alguém na letra, do jeito dele. E aquilo não é música? Claro que é! Se você se permitir, você consegue sentir aquilo, consegue entrar na *vibe*.

A música não é um currículo pra você só se permitir ouvir aquele rock com progressões e solos absurdos. Pensa como um prato grandão de comida, todo colorido com verde, amarelo, branco, preto, roxo... tudo.

Sim, eu escuto as músicas mais complicadas com grandes harmonias, músicas clássicas de grandes compositores, quase todos já mortos, escuto música chinesa, egípcia, japonesa, instrumental, medieval, folk, hip-hop, reggae, eletrônica, mas também escuto sertanejo e funk. E seria interessante que acabasse essa barreira de preconceito. Cada um tem a sua realidade pra compor, pra cantar, pra escutar. Temos vários momentos diferentes no dia e podemos abrir esse leque gigantesco e **maravilhoso**.

Ressaltei dois estilos musicais que eu tinha preconceito pra mostrar como hoje escuto e curto na maior naturalidade. Quanto mais livre você é pra gostar das coisas, mais gostosa fica a vida. Em vez de ficar sempre na mesma coisa, seu universo se abre pras possibilidades.

Abra sua mente, chega de preconceito, de criticar o estilo musical dos outros. Se você não gosta, tudo bem, mas não precisa atacar. Não tem que impressionar ninguém com seu gosto. Um mantra, às vezes, tem apenas uma nota, mas você vai dizer para um monge que aquilo não é música? Com certeza é.

#CONTE AQUI!

MEU MUNDO MUSICAL:

- ☐ POP:

- ☐ ROCK:

- ☐ SERTANEJO:

- ☐ FUNK:

- ☐ HIP-HOP:

- ☐

- ☐

- ☐

31.

Minha

religião

Já pensei em falar sobre isso no **canal** várias vezes, mas nunca fazia. O primeiro motivo é que esse universo é enorme e eu sabia que não conseguiria falar de uma forma completa em apenas um vídeo. E o outro motivo era o preconceito. Nunca me importei muito com isso na verdade, mas todo cuidado é pouco ao ter um canal no **YouTube**. Decidi então começar por aqui, algo íntimo, que eu posso explicar exatamente pra você que me acompanha. E caso esteja me conhecendo por aqui, seja bem-vindo ao meu mundo!

Pra quem pergunta sobre **minha religião,** sou espírita umbandista. Mais conhecida popularmente como "macumbeira", um termo que não me incomoda nem um pouco. Na verdade, acho engraçado!

Ah, mas você é aquelas macumbeiras que ficam cantando com atabaque?!

Sim, **a gente ama atabaque** e cantar para nossos orixás, participar de giras e todas essas coisas, mas vamos com calma na questão da macumba em si. Vamos começar pelo fato de que na espiritualidade é muito ampla e existirem vários caminhos, várias vertentes. Acredito que os mais conhecidos são o kardecismo, a umbanda e o candomblé. Eu estou mais pra umbanda, porém acredito na espiritualidade em sua totalidade.

A maioria das pessoas que não conhece a **espiritualidade**, a umbanda e principalmente o candomblé, realmente acreditam que é "coisa do demônio", que nós somos povos do mal e que precisam tomar cuidado, pois fazemos "macumba" pro mal. Por favor, nunca mais repitam isso. Isso é uma tremenda falta de informação, alienação e falta de bom senso, além da falta de respeito.

Eu, **Paula Landucci,** só pratico o bem, só penso o bem e todas minhas atividades na espiritualidade são única e exclusivamente para o bem. Pense na espiritualidade como se fosse a eletricidade. Com a eletricidade você pode fritar seu almoço ou fritar uma pessoa. A eletricidade não é boa nem ruim, o que muda é a pessoa que está usando, essa sim, pode ser boa ou má. Com a espiritualidade funciona da mesma forma, não é ela que é boa ou ruim, e sim a pessoa que está trabalhando com ela. E infelizmente existem muitas pessoas de má-fé, em qualquer religião. Mas o número de pessoas de bom coração, que fazem o bem, é extremamente gigante.

Mas realmente acredito o que tudo que vai volta. Se alguém usa a espiritualidade pro mal, faz trabalhos pro mal, essa energia vai voltar pra pessoa um dia.

E eu sempre trabalhei pro **bem** e toda a espiritualidade em minha volta está sempre pro bem, o melhor pra nossa evolução. Nós falamos e trabalhamos muito a nossa **energia**, nossa mente e nossos sentimentos. Somos extremamente conectados com a energia positiva, sendo assim, vemos propósitos em todas as coisas, por exemplo: "Por que estamos aqui, qual nossa missão na Terra, nesta encarnação? Qual a melhor forma pra cumprir essa missão e fazer o bem pra nós mesmos, pra quem está a nossa volta e pro universo? ".

Mas P, você vê, escuta ou conversa com espíritos?

Ver ainda não consigo, pois ainda não desenvolvi minha mediunidade. Algumas pessoas nem precisam desenvolver para ver, elas já nascem com a mediunidade mais desenvolvida. E conversar, converso quando os médiuns recebem as entidades.

E receber? Você recebe entidades?

Pra receber, precisa de **bastante desenvolvimento** e muito preparo, muitas vezes demora alguns anos pra começar a receber, é um trabalho bem minucioso. Ainda estou em desenvolvimento, então ainda não recebo.

Uma das mentiras que mais espalham por aí é que Exu é demônio, é coisa ruim, é feio. Mais uma vez, por favor, parem de falar besteira. Exu não é nem nunca foi demônio. Provavelmente quem inventou isso é de alguma religião preconceituosa e fez apenas pra você ter medo da espiritualidade, pois isso com certeza não é real.

Explicarei de uma forma rápida: Exu é guardião do planeta. Pois é. Ele é responsável por guardar o planeta e cada um de nós. Porém, é o único que possui a permissão pra entrar tanto no campo energético positivo quanto no negativo. Ele tem livre passagem. Pense da seguinte forma: alguém precisa fazer o trabalho sujo. Vamos supor que o Exu precise fazer um resgate de alguém que está no limbo, na mais baixa energia. É ele que busca. Logo, não significa que Exu é mau, pelo contrário, Exu é maravilhoso, **é nosso guardião.** Se estou com medo de andar na rua à noite, sempre penso "Me proteja, Exu", ele vem do meu lado e não deixa nada de ruim acontecer comigo. Entende?

Muito cuidado na hora de julgar e afirmar coisas que você não sabe sobre outras religiões só porque um dia você escutou alguém falando. Procure saber se a informação é **verdadeira** ou se é só fruto da ignorância. Existe um universo inteiro dentro da espiritualidade e nem eu que estou a oito anos próxima da espiritualidade, estou perto de saber tudo.

Tenho uma guru, que anda do meu lado e que amo muito. Ela é como se fosse uma tia para mim, quase uma segunda mãe, e ela me ensina a espiritualidade faz oito anos e ainda assim tenho uma infinidade de coisas pra aprender. E digo ainda que tudo o que estou dizendo por aqui, peço licença pra falar.

Talvez isso abra **oportunidades** pra falar um pouco mais sobre todo esse universo, caso vocês tenham curiosidade de saber, e posso até convidar minha guru, pois claro, ela possui muito mais conhecimento.

Axé para quem é de axé. Amém para quem é de amém.

Axé!

32.

Sou assim

e ponto

Olha, para namorar comigo tem que aguentar as minhas friezas, as minhas patadas, a minha carência, a minha cara quase sempre fechada e as minhas mudanças repentinas de humor. Se você aguenta tudo isso, você foi feito pra mim.

Deus me livre de gente assim! Esse texto claramente não é sobre mim. É um texto que rola muito na internet, e eu percebi que as pessoas têm muito orgulho de compartilhar isso.

Você que diz que tem a cara sempre fechada, um **humor** bem instável e que não tem muita paciência, mas já pensou se você mesma teria **paciência** pra alguém assim? Não, você não teria. E se nem você tem paciência, por que alguém teria que te aguentar? Semelhante atrai semelhante. Então, se você é irritada, mal-humorada, chata você só vai conseguir atrair pessoas com essas mesmas características pro seu lado. Para pessoa "te aguentar" ela precisaria ser igualzinha a você. Mas acho que você não iria gostar disso.

Tem muita gente que fala:

Eu sou assim e ponto, não vou mudar.

Todo mundo muda. Tudo muda constantemente. Enquanto você está dizendo que não vai mudar, a planta já nasceu, deu fruto, o fruto já caiu, já está nascendo outro e você está aí parado.

A energia do universo precisa que a gente se movimente. Estamos aqui pra evoluir, aprender, subir um degrau de cada vez. Mas se você não muda, qual o sentido de você estar aqui?

Não queira que os outros tolerem e aguentem o que nem você aguentaria. Procure ser uma pessoa como as que você **gostaria** de ter do seu lado. Quem são essas pessoas? Pessoas pra cima, alegres, que buscam seus sonhos, que te dão vontade de viver, que trazem felicidade, ânimo? Ou você quer pessoas pra baixo, estressadas, sem paciência? Você ia gostar disso? Então não seja isso.

Essa história de romantizar o estresse, a falta de carinho, patadas, virou uma modinha e é uma das coisas mais fúteis que já vi. Faz você aceitar de forma indireta que você é um fracasso. Não aceite isso. Não aceite que você é estressado ou mal-humorado. **Busque o que você gosta,** busque sua risada, busque chegar no final do dia e pensar: "Hoje eu fiz coisas que amo!". Todo mundo tem esse direito e pode fazer isso.

Não seja a pessoa que não quer mudar, porque se você não muda, a sua vida também não. E você vai ser infeliz, reclamando de tudo e de todos.

É mais fácil você mudar, assim sua vida muda e você consegue as coisas que você quer "magicamente".

Não espere que as pessoas mudem primeiro. Você muda. E essa mudança vem de dentro pra fora. Semelhante atrai semelhante. Seja o que você quer ser, seja o tipo de pessoa que você quer do seu lado.

P.

LANDUCCI

RES
PON
DE

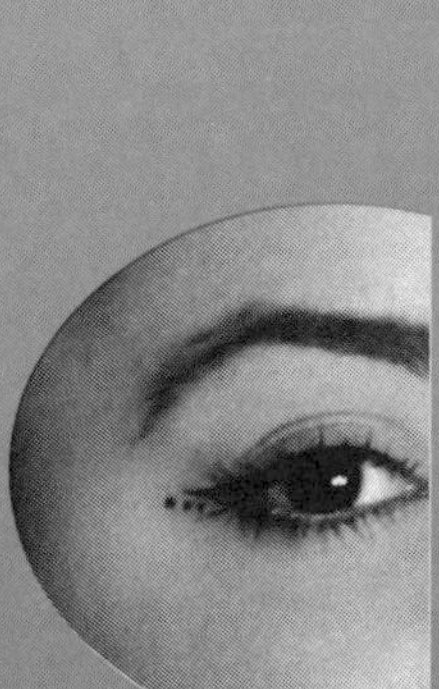

P. responde!

33.

Exclusivo para o livro

Aqui vai o **P.Landucci responde** que fiz exclusivamente para o livro do *Diário de P.Landucci.*

Você sempre disse que o Diário era só para atrair a galera pra Hewie. Quando foi que você sentiu que queria continuar com o Diário e a Hewie e decidiu de fato não deixar o canal?
@vitorialcolares

P. A partir do momento que eu vi o quão próximo eu poderia ficar do público e quão eficiente seria pra falar o que penso, alguma ideologia que eu tenho, decidi nunca me desvincular do canal. E tem a proximidade, eu fico próxima de vocês, posso falar e ver o que vocês estão falando sobre o que falei e vice-versa. E uma das coisas mais importantes pra mim é compartilhar minhas ideias, passar as coisas que eu aprendo para vocês. Quero dividir tudo com vocês: se um dia eu errar com alguma coisa, no outro dia vou aprender e, no terceiro dia, estarei passando meu aprendizado para vocês, por exemplo. Ou opiniões, ideologias, enfim, tudo isso pra mim é muito gratificante.

Há dificuldades em ser homossexual e famosa, por conta das outras pessoas? Ou você não se importa com isso? @larih_buzzolo

P. Sempre encarei o fato de ser homossexual com uma naturalidade muito grande. Porque, na verdade, é isso que é para mim. Ser lésbica é um fato muito natural, muito simples, muito normal no meu dia a dia e sempre tratei isso com a naturalidade que os héteros o fazem, entende? Isso acabou passando pro público, e as pessoas que me acompanham nunca tiveram esse problema comigo. O máximo que aconteceu até hoje foram alguns religiosos radicais deixarem alguns comentários preconceituosos, mas isso realmente não me afeta nem um pouco, até porque no que eles acreditam, eu não acredito. Eles acreditam que a homossexualidade é errada, que eu vou para o inferno e bláblábla... Eu não acredito, pra mim é uma grande bobagem. Eu sei bem o que sou. Então isso realmente não me afeta, é a mesma coisa que alguém falar:

Você é gay e você vai atrair unicórnios azuis na sua vida.

Aí você pensa:

Gente, mas nem existe unicórnios, ainda mais unicórnios azuis.

Então não preciso me preocupar com isso, simples assim. Você não se importa com aquilo que sabe que não é verdade.

Sobre seu modo de levar a vida leve, em paz consigo mesma e ter sempre suas energias positivas: você sempre foi assim ou aconteceu algo que a fez mudar?
@dudaa_fortes

P. Eu sou de Peixes, e se você pesquisar sobre esse signo, vai perceber as coisas que mais falam são: 1) é muito emocional e isso faz ser muito depressivo, muito chorão, muito triste; 2) é superesquecido, avoado, sonhador. Essa segunda característica realmente eu tenho: esqueço tudo, sou avoada e sonhadora demais. O que não deixa de ser algo bom. Mas você pode ter percebido que a primeira característica do pisciano – ser mais depressivo – definitivamente eu não tenho, mas já fui assim. Toda a minha adolescência foi assim, sempre fui muito triste, daquelas que acha que sofre demais. Sentia uma tristeza e transformava aquele sentimento numa coisa dez vezes maior do que realmente era e isso me fazia chorar demais, ser triste demais.

Como que fui aprendendo a ver o mundo de outra forma e a reconfigurar meus pensamentos? Com a espiritualidade. Conheci a espiritualidade, entendi como a energia funciona, que somos aquilo o que pensamos e sentimos. A gente atrai semelhante e tudo aquilo que é compatível com a gente. Então se estamos numa vibração positiva, atraímos coisas positivas. Se estamos numa vibração negativa, atraímos coisas negativas. Então você vai trabalhando e treinando a sua mente a pensar da forma que você quer que ela pense.

Hoje em dia é muito difícil eu ficar triste. Quando fico triste por algo, sofro em dobro, porque fico triste por algo que aconteceu e fico triste por estar triste. Eu me sinto chateada por estar triste, não gosto. Aprendi, meu cérebro sempre puxa o que tem de bom na situação, não me permite ficar triste, paro e penso: "Pera aí, uma coisa não tão boa aconteceu, então qual é o lado bom? E sem achar não tem, o que você aprendeu com isso?".

Mesmo se você passou por uma dificuldade ou as coisas não foram como você imaginava, se você entender e estudar a fundo o que aquilo te trouxe de bom, não tem motivos para ficar mal, sendo que isso vai te ensinar a ser diferente da próxima vez. Ou seja, o que você tinha que passar de ruim, você já passou, então você agradece: "Valeu, obrigada, passei. Agora borá para a próxima!". Você aprende a agradecer pelo que aconteceu, ao invés de se lamentar. E isso está mais uma vez ligado à energia: quando a gente agradece, a gente atrai coisas que quer; quando lamenta, a gente se diminui e se afasta daquilo que queremos.

Se soubesse que vai viver até os 90 anos e pudesse escolher entre manter a forma física ou a mente que tinha aos 20 anos, pelos últimos setenta anos da sua vida, qual dos dois escolheria e por quê? @_miojnho

P. Obviamente eu escolheria manter a forma física pelo resto dos meus 70 anos. Quanto mais tempo vivemos, mais evolui nossa mente, mais aprendemos, claro, se nos abrirmos para isso, mas pelo amor ou pela dor, aprendemos. Então quanto mais tempo vivemos, mais sábio ficamos. Nunca que pararia a minha mente nos 20 anos. Eu só vivi vinte anos da minha vida e sou muito grata a tudo que já aprendi, então imagina o quanto ainda posso aprender, mais coisas eu vou saber, mais coisas eu vou entender com o tempo. Então, com certeza minha forma física eu manteria por setenta anos e continuaria a evoluir a minha mente.

Tem algum roteiro que você fez, mas desistiu de fazer o vídeo? Se sim, por quê? @morggannab

P. Sim. E inclusive esse roteiro foi reservado pro livro: é o vídeo da minha religião, no qual falo que eu sou da espiritualidade. Por quê? Pensei que talvez algumas pessoas não recebessem da melhor forma, ou que talvez não seria o momento de falar, mas como o livro é algo muito íntimo entre mim e o meu fã, que me conhece e me segue, então achei uma boa hora de responder a pergunta, de explicar um pouco sobre o que eu acredito e sobre as coisas que faço.

Com qual personalidade de filme de animação você mais se identifica? **@babs_befs**

P. Pensei muito sobre essa pergunta e cheguei a uma conclusão: acho que eu me sinto muito como o Simba. Ele é filho do rei e tem grande responsabilidade nas costas, com as dificuldades da vida, com obstáculos dos quais acabou fugindo. Mas, quando você tem uma missão, você não pode fugir. Você precisa ficar, lutar por aquilo e conseguir. Com certeza, vai chegar no seu objetivo e cumprir sua missão, isso vai te fazer se sentir realizado. E o Simba voltou e lutou.

Penso muito sobre isso, porque um dia na minha vida já tentei me esconder, mas me sinto com uma grande responsabilidade, e minha missão é o meu sonho.

Por que "Hewie"? O que significa? Como você escolheu esse nome para a banda? @_rskell

P. Nós estávamos reunidos jogando vídeo game na casa de um amigo e existia um jogo (HauntingGround, de Playstation 2), que tinha uma personagem perdida num castelo mal-assombrado, com monstros querendo assassiná-la. Em certo momento do jogo, essa menina quase morre e surpreendentemente aparece um cachorro e a salva. Esse cachorro a acompanha durante todo o jogo, ou seja, ele vira o melhor amigo dela, a razão da vida dela. Esse cachorro chama-se Hewie. Então o que significa Hewie? Hewie é um nome próprio, mas vem atrelado a significados de amizade, vida e muito companheirismo.

P., eu sou de Portugal e queria saber qual a sensação de saberes que as tuas palavras, os teus pensamentos e a tua música conseguem chegar tão longe e ao mesmo tempo ajudar de imensas formas diferentes pessoas? @rijeex

P. Como vocês puderam ver nesse livro todo, essa é a minha gratificação, é o resultado de tudo o que eu fiz. Saber que eu estou ajudando vocês e que estou chegando tão longe, passando coisas boas pra vocês, eu me sinto muito feliz, muito feliz mesmo. Quando vejo que foi tão longe e chegou em Portugal, eu só sei agradecer. De verdade.

#AGRADECIMENTOS

Pra escrever esta parte, coloquei a música "Autumn Gold" do David Tolk. Se você quiser sentir junto comigo, você pode colocar pra escutar aí também. Na minha trajetória houve muitas pessoas queridas, que me ajudaram tanto em meu crescimento profissional quanto espiritual.

Quero começar pela minha mestra, guru, tia, Graça Alencar, por ter me ensinado a enxergar o mundo de uma forma tão bonita e diferente, por me ensinar a trabalhar com a minha energia pra alcançar todos os meus sonhos e objetivos. Com certeza, todo o meu caráter e minha mente agradecem a ela, uma das maiores responsáveis por eu estar aqui. E também à minha família, mãe, pai e irmãos, porque convenhamos, não deve ser fácil ter uma filha/irmã louca assim como eu, não é mesmo?

Quero agradecer meus amigos e companheiros, não apenas de trabalho, Caio Gomes e Guilherme Gulias por permitirem executar minha música de uma forma tão linda, por doarem seus talentos e energias para Hewie ser cada dia melhor e mais linda e por sempre estarem do meu lado.

Aproveito também para agradecer a Thais Ribeiro, pois durante todo este ano esteve do meu lado, me ajudando e sempre me encorajando a crescer cada vez mais, tanto no *Diário de P.Landucci*, quanto na Hewie. Sua energia nesta história é extremamente importante para mim.

Agradecer também à Agência de Música, em especial meu empresário Rossatto e principalmente à Camila Tavares, minha produtora, amiga, faz-tudo, motorista (brincadeirinha!), que além de me aguentar, ainda cuida da minha vida.

Por ter me ensinado bastante sobre YouTube e seus macetes e por fazer parte deste livro, agradeço à Maddu por suas singelas palavras no prefácio.

E claro, este livro só está na sua mão graças à hoo editora! Obrigada por esta oportunidade de escrever meu primeiro livro, que por sinal, eu amei.

Agora, peço que coloquem outra música, agora é a "N°096" do Relaxdaily. Sentiu a energia? Então, vamos lá!

Quero agradecer a cada um de vocês, meus fãs, pessoas que me seguem, por TUDO o que já fizeram e fazem por mim. Eu sempre tive dificuldade de demonstrar carinho, mas vocês estão me ajudando cada vez mais a abrir meu coração e dizer que eu amo cada um de vocês. Amo por cada carinho, cada abraço, cada apoio, cada ajuda que vocês me dão. Vocês transformaram tudo isso em realidade e são vocês que sempre serão responsáveis por tudo isso acontecer. Vocês são incríveis, meus queridos noias. Nossa história juntos está apenas começando, vocês sabem disso.

Você chegou para alegrar o dia, você chegou para nos trazer alegria, nós somos como tu, somos da mesma família!

Gratidão.

Pêzinha ama vocês.

Beijo!

E até o próximo diário ;) ...

Conheça outros títulos da hoo

Torta de climão traz onze personagens em histórias que contam, de maneira bem desencanada, o dia a dia, as gírias e principalmente aquele climão que acontece com LGBTs e agatês.

Num beco, em sua noite de folga e longe de todas as ilusões de neon, o DJ encontra um rapaz de preto, que só pode ser o diabo. Mas o diabo existe?

Depois da morte de sua mãe, Artur passa a morar com o pai, Guilherme. Quando muda de casa, o garoto é obrigado a mudar de escola, acentuando o conflito de gerações e as dificuldades de lidar com a descoberta do amor e da sexualidade.

Caído em desgraça após ser afastado da Igreja, o desejo de recuperar seu prestígio leva Prósper a Siena, onde descobre que sua experiência de exorcista não o preparou para o oponente que iria encontrar.

Harry Darwin deveria ter morrido, mas foi salvo por Damon Knight, membro de uma família responsável por curar o tecido da realidade. Em sua ânsia de entender o dia de sua não morte, Harry acaba envolvido no mistério do fim de toda a existência.

Ana e Júlia são casadas há oito anos. O relacionamento caiu na rotina e elas decidem viajar pra tentar resgatar a relação. Lá, acabam conhecendo um casal heterossexual, que vive um relacionamento aberto.

Composto por dezessete contos, o livro *Terezinha* apresenta um pouco do universo LGBT e de outras pessoas que não se identificam com a forma habitual da dicotomia de gênero. As vidas transviantes a essa norma, na obra, vão revelar ao leitor as diversas possibilidades de como o *queer* pode ser apresentado.

E se eu fosse puta é o quê? Você, leitor, que me diz. Tem de tudo um pouco, mas sobretudo verdade, dessas que a gente gosta só debaixo do tapete, bem escondidinha, o dia a dia da rua, a barganha, a cama, o homem depois de gozar. Amara se vê travesti e junto descobre a vida que haveria a partir de então, puta aonde quer que fosse, fosse pra cuspir, fosse pra perguntar discretamente o preço.
(*Uma leitura para maiores de 18 anos.*)

Acompanhe Décio, um investigador particular que vive na São Paulo dos anos 1980, em sua *graphic novel* inserida numa sociedade prepotente, discriminatória e, ao mesmo tempo, fruto da própria existência cultural.
(*Uma leitura para maiores de 18 anos.*)